The Engaged Leader
A Strategy for Your Digital Transformation

エンゲージド・リーダー
デジタル変革期の「戦略的につながる」技術

シャーリーン・リー |著
山本真司|安部義彦 |訳

英治出版

エンゲージド・リーダー
デジタル変革期の「戦略的につながる」技術

The Engaged Leader
A Strategy for Your Digital Transformation
by Charlene Li

Copyright © 2015 by Charlene Li
First published in the United States by Wharton Digital Press.
Japanese translation rights arranged with Wharton Digital Press
c/o Perseus Books, Inc., Boston, Massachusetts
through Tuttle-Mori Agency, Inc., Tokyo

ベンとケイティへ

あなたたちが10代になるまで
本は書かないと約束したわよね。
待った甲斐がありました。
偏らないものの見方と我慢することを学んだわ。
ありがとう。日々を自分らしく生きることを教えてくれて。

訳者まえがき

「どうすれば、エンゲージメントを高めることができるのでしょうか？」

　経営者の戦略参謀役として、組織の風土改革やリーダーの育成に携わるなかで、近年こうした質問を頻繁に受けるようになってきた。エンゲージメントとは、組織内の人々が、対話を通して共感し合い、心がつながり、みずから本気で仕事をする状態である。

　本書のイントロダクションでも紹介されているが、ギャラップ社の調査によると、「積極的に仕事に関与（Engaged）」している従業員の割合は、アメリカが30％、ドイツが15％、韓国が11％、そして日本はわずか7％。日本企業で働く従業員のエンゲージメント率は、調査対象142か国の平均値の半分程度なのである。

　エンゲージメントの低さは、従業員一人ひとりの自主性が損なわれたり、従業員間のコラボレーションが生まれにくくなったり、組織マネジメントに様々な弊害をもたらす。いったいなぜ、日本企業はこんなにエンゲージメントが低いのだろうか？

コマンドアンドコントロール
から抜け出せない

　ボストン コンサルティング グループの CEO だったジョン・クラークソンが、「Jazz VS Symphony（ジャズ型組織 VS オーケストラ型組織）という論考[1]を1990年に発表した。指揮者の指示にしたがって動く「オーケストラ型組織ではなく、プレーヤー一人ひとりが自律的に動く「ジャズ型組織」の必要性を見通した素晴らしい論考である。

　大量生産を基盤とする産業資本主義においては、効率性を追求したオーケストラ型組織が機能した。だが言うまでもなく、現代の企業にとっての命題は「いかに大量に作るか」ではなく、「いかに違いを生み出せるか」だ。そして「違い」を生み出せるかどうかは「人」にかかっている。

　コマンドアンドコントロール（命令と統制）によって人を管理するオーケストラ型組織を想像してみてほしい。経営者を頂点としたヒエラルキーが存在し、上位からの指示をメンバーたちが遂行していく。何をすればよいのか（いかに大量に作るか）がわかっていた時代は、それでも結果が伴っていたため従業員のエンゲージメントは高かったのかもしれない。

　だが、組織構造が上意下達のままで、さらになかなか成果が生まれにくくなると、次第にやらされている感が生まれ、精神的に疲弊し、言われたことを淡々とこなすだけで、自主性を持って仕事に取り組むことができなく

[1] https://www.bcg.com/documents/file13578.pdf

なってしまう。

　一方、本書に登場するような経営者が率いる企業は、一人ひとりの声に耳を傾け、フラットに対話し、共感し合うことで、エンゲージメントが高まり、コラボレーションや新しいアイデア（違い）を生み出している。

　筆者はこれまで25年以上にわたり、戦略コンサルタントとして数多の大企業の方々とご一緒してきた。日本の経営者やリーダーたちは、こうした状況にあるにもかかわらず、いまだにコマンドアンドコントロールからなかなか抜け出すことができずにいるようだ。

　「どうすれば、エンゲージメントを高めることができるのでしょうか？」という冒頭の質問と同様に、多くの経営者から「どうすれば、イノベーションを起こせるのでしょうか？」という相談を受ける。

　断言できるのは、「組織構造（組織文化）」の変革なしに、イノベーションは実現できないということだ。どんなにイノベーションを推進しようとも、組織構造（組織文化）が上意下達のコマンドアンドコントロールである限り、従業員一人ひとりの意欲は低いままで、従業員同士のコラボレーションも活性化されない。

　自分の組織（あるいはリーダー）は、自分のアイデアに耳を傾けてくれる。自分の考えにちゃんと向き合ってくれる。──イノベーションとは、一人ひとりが日々そうした気持ちを持って働くことができるかどうかに（エンゲージメントが高いかどうかに）、実はかかっているのではないだろうか。

組織の文化を変える
リーダーのための実践書

　本書は、コマンドアンドコントロール型の組織からの変革を推進する「エンゲージド・リーダー」になるための実践書だ。
　支援や対話を通してメンバーの能力を引き出し、みずから積極的に仕事に取り組めるようメンバーの心を動かし、組織にエンゲージメントの文化を醸成するための行動指針と具体的なテクニックが記されている。
　著者のシャーリーン・リーは、世界経済フォーラムやサウス・バイ・サウスウエストなどの主要会議で基調講演を務め、シスコやサウスウエスト航空をはじめとするフォーチュン500企業のアドバイザーを務めている。また、『ファスト・カンパニー』誌の「ビジネス界で最もクリエイティブな100人」に選出されるなど、当代きってのデジタル戦略コンサルタントである。
　本書に登場するIBMのジニー・ロメッティや、GEのジェフリー・イメルトらと交流するなかで、彼女はソーシャルメディアをはじめとするデジタルツールを活用して従業員、顧客、社会までも巻き込んで、戦略的に目標を達成している「エンゲージド・リーダー」という新たなリーダー像を見出した。
　この本では「エンゲージド・リーダー」のフレームワークとして、情報収集（第1章）、情報共有（第2章）、エンゲージメント（第3章）について解説している。「情報収集」とは、従業員や顧客などのステークホ

ルダーから広く意見を聴くこと。「情報共有」とは、みずからの考えを伝え、共感を生むこと。「エンゲージメント」とは、フォロワーとの対話を通して信頼関係を育むことだ。

「なんだ、いたってふつうのリーダーではないか」と思われた方がいるかもしれない。この本で著者も述べている通り、エンゲージメントを高めるための考え方は、基本的には変わっていない。聴く、伝える、信頼を築く。「いたってふつう」だ。

だが、エンゲージメントの文化を醸成するにはコストがかかる。すべての従業員が思ったことをワイワイガヤガヤと口に出し、それらの発言に経営トップや組織リーダーが耳を傾け、大事なアイデアや意見を全組織で共有し、そして人と組織が巻き込まれ信頼を深めていく。

そうした一対一を基本とするコミュニケーションは、数千人、数万人の従業員を擁する組織にとって、全社の大きなうねりとして実行するには莫大なコストがかかった。

だが時代は大きく進化した。

高速インターネットとソーシャルメディア、そしてモバイル機器の登場により、何十万人もの人が同時につながり、共感し合い、巻き込む（巻き込まれる）ことが可能になったのである。

これはもはや、コストの高さをエンゲージメントが低い言い訳にはできないことを意味する。言い換えれば、組織を変える決意さえあれば、誰でもエンゲージメントを高めることは可能だということだ。

まずは 1 日 15 分
からはじめてみよう

　コマンドアンドコントロールからの脱却は、日本企業にとって喫緊の課題である。そしてデジタルツールは、リーダーが変革を推進し、戦略的に成功を収めるための絶好の武器となる（本書で紹介されているデジタルツールの一覧表は巻末に収録）。

　本書に登場する以下の大企業、大組織のリーダーたちは、既にデジタル変革の重要性を認識し、果敢に取り組んでいる。

ジニー・ロメッティ（IBM CEO）

スティーブン・カーリー（大手レストランチェーン レッドロビン CEO）

デイビッド・ソーディー（オーストラリア大手通信テルストラ CEO）

ローズマリー・ターナー（国際貨物航空会社 UPS 北カリフォルニア地区社長）

リチャード・エデルマン（世界最大の独立系 PR 会社エデルマン CEO）

ジョン・チェンバース（シスコ CEO）

パドマスリー・ウォリアー（シスコ最高技術・戦略責任者）

ビル・マリオット（大手ホテルチェーン マリオット執行役会長）

ジェフリー・イメルト（GE CEO）

キャロリン・マイルズ（セーブ・ザ・チルドレン CEO）

マイク・スミス（オーストラリア・ニュージーランド銀行 CEO）

デジタル変革に取り組むことで、従業員の意欲が高まったり、社内のコラボレーションが活性化したり、新しいファンを獲得したりと、彼らは企業戦略に合致したビジネスとしての「価値」を見事に生み出している。

　たとえば、本書の第1章に登場するレストランチェーンのレッドロビンは、個々の従業員の気づきや体験を全社で共有し、協力して問題解決にあたる仕組み・文化が形成されていた。その結果、大失敗の危機に瀕していた新商品をたった1か月で見事に改善することに成功したのである。

　これらの企業と、ライバルとなる日本企業とを比較してみてほしい。悔しいが、遅れをとってしまっていることは明白だろう。だが、ジェフリー・イメルトでさえ数年前までは「そういうことはCMO（最高マーケティング責任者）の仕事だ」と思っていたのだ。今日からはじめれば、やがてその差は取り戻すことができる。

　読者にとっての救いは、本書が日々の仕事で多忙を極めるリーダーのために、「1日15分からはじめられる」フレームワークと実践法を紹介してくれていることだ。「エンゲージド・リーダー」になるからといって、何も今の業務をストップしてソーシャルメディアにかじりつけと言っているわけではない。「1日15分」でいいのだ。

　いまやイメルトの生活にはソーシャルメディアがすっかり根を下ろしているようだ。だが、「変革は一夜にしては起こらない」。ゆっくりでいい。だが、今すぐはじめてみよう。

組織内におけるエンゲージメント（従業員エンゲージメント）に加えて本書では、ツイッター上で患者と直接対話し、「業界を混乱に陥れた」マーク・ベルトリーニ（大手医療保険会社エトナCEO）をはじめ、顧客エンゲージメントに関する知見も豊富に記されている。従業員のみならず、自社のステークホルダーとの関係を深めたい読者にとっても示唆深い本である。

　組織を変えようとする意志のある経営者、ミドルマネジャー、また成長と規模の壁の前で呻吟するベンチャー経営者たちにとって、本書はこれからのリーダー像を明示してくれる一冊だろう。この本を読んで、今日から「エンゲージド・リーダー」として新しい一歩を踏み出していただけたら、訳者として望外の喜びである。

　なお翻訳にあたっては、英治出版の原田英治さん、共訳者の安部義彦さん、翻訳協力の梶野春美さんにたいへんお世話になった。この場を借りて心から感謝の気持ちを伝えたい。

2016年1月　山本真司

目次

The Engaged Leader
A Strategy for Your Digital Transformation

訳者まえがき　007

イントロダクション　023

「不参加」はあり得ない　027
　　図0-1　デジタル変革を牽引する3つの要因　030
本書について　033
　　1. 情報収集――より広く意見を聴く　034
　　図0-2　エンゲージド・リーダーのフレームワーク　034
　　2. 情報共有――ストーリーを伝えて共感を生む　036
　　3. エンゲージメント――フォロワーとの信頼関係を築く　038
エンゲージド・リーダーになる――「戦略」は「計画」から始まる　040
　　図0-3　ワークシートの例：戦略的目標と数値目標を決める　043

1. 情報収集　より広く意見を聴く　045

　　図1-1　情報収集――より広く意見を聴く　048
「聴く」ことに対する新たな認識　049
情報収集の技法的側面　051
　　部下をフィルターに使う　052
　　さまざまなレイヤーから情報収集する　053
　　▶「能動的」と「受動的」な情報収集　053
　　▶「直接的」と「間接的」な情報収集　054
　　▶「流れの内部から」と「流れの外部から」の情報収集　054
　　自分のデジタル環境をスキャンする　055
情報収集の科学的側面　056
　　コンテンツフィルターを作る　058
　　多数のチャネルからの情報収集　061
　　図1-2　マースクラインの関係者マップ　062
　　情報収集は15分　063
権力と影響力を求めて情報収集する　064
　　図1-3　ワークシートの例：情報収集　066
行動開始にあたっての質問事項　067

2. 情報共有　ストーリーを伝えて共感を生む　069

情報を共有すると、なぜ共感が生まれるのか　072
　図 2-1　情報共有──ストーリーを伝えて共感を生む　072
　図 2-2　ローズマリー・ターナーから従業員へのツイート　073
情報共有における変化──乏しい情報量からありあまる情報へ　076
　1.「会って話す」から「ネット上での共有」へ　077
　2.「たまに受ける報告」から「絶え間ない情報共有」へ　078
　3.「フォーマルな情報共有」から「インフォーマルな情報共有」へ　079
　4.「整った文章」から「完璧ではない文章」へ　079
情報共有の技法的側面──「何を」共有するか　080
　拡散する情報共有──感情、信用、視点　083
　図 2-3　視点を共有する　083
　記憶に残る情報共有──ストーリー　085
　もう1つの技法的側面──映像による奥行きと広がり　086
　図 2-4　チェンバースの鴨笛のビデオに関する社員コメント　087
情報共有の科学的側面──「どのように」共有するか　089
　1. 計画策定──なぜ、何を、どのように共有するか　090
　2. 収集した情報を基にキュレーションする　090
　3. 切り替え　091
　4. ルーティーン化　092
　5. 強みを活かす　093
　図 2-5　ビル・マリオットのブログ記事　095
　6. 意識的に行動し調整をためらうな　096
見る人次第　096
　図 2-6　ワークシートの例：情報共有　099
行動開始にあたっての質問事項　100

3. エンゲージメント フォロワーとの信頼関係を築く

 図 3-1　マーク・ベルトリーニの直接的なエンゲージメント

なぜエンゲージメントはリーダーと組織を変革するのか

 図 3-2　エンゲージメント――フォロワーとの信頼関係を築く

エンゲージメントに対する考え方の変化

 格差
 方向
 頻度

デジタル・エンゲージメント戦略――技法と科学の重なるところ

 図 3-3　デジタル・エンゲージメント戦略

技法――関係を育てる

 適切なエンゲージメントの仕方を選ぶ
  ▶ ① イベント型エンゲージメント
  ▶ ② 参加型エンゲージメント
 図 3-4　テルストラのエンゲージメント
  ▶ ③ 一対一のエンゲージメント
 図 3-5　デビッド・ソーディーの一対一のエンゲージメント
 フォロワーシップを育てる
 図 3-6　ソーディーのフォロワーシップを育てるテクニック
 図 3-7　批判に対するソーディーの関わり方と返答
 フォロワーシップを促す言葉

科学――目標とコントロール

 エンゲージメントの目標を明確にする
 適切にコントロールする
  ▶ ① 期待を設定する
  ▶ ② 制限を設ける
  ▶ ③ 代わってもらう仕事を決める

エンゲージメントをスタートする

 図 3-8　ワークシートの例：エンゲージメント

行動開始にあたっての質問事項

4. 組織変革 139

  図4-1　ジェフリー・イメルトのツイート　140
  図4-2　キャロリン・マイルズのツイート　143
変化も一過程　143
  図4-3　マイク・スミスのリンクトインへの投稿　144
  第1段階：否認（怒り、却下、拒絶）　146
  第2段階：取引（言い訳、逃避、自暴自棄）　146
  第3段階：受容（同意、認識、覚醒）　147
  第4段階：変革（確信、受容、伝道）　148
組織を変革する　149
  上司をうまく使え──上層部が否定的なとき　149
  図4-4　デジタル変革が仕事に与える影響　150
  ミドルマネジャーを引き込め　151
  トップ経営層から始めよ──CxOを攻略する　152
   ▶ 目標と目的を明確にせよ　153
   ▶ 雰囲気を作れ　153
   ▶ 正式なトレーニングに投資せよ　154
  図4-5　ワークシート：デジタルなリーダーシップの育成　155

おわりに　157
謝辞　161
原注　164
本書に登場するデジタルツール　170
本書に登場する人物、企業　172

本文中、[ ]の番号は原注、★は訳注。
原注は巻末に、訳注は頁下部に注釈を記載。

エンゲージド・リーダー

デジタル変革期の「戦略的につながる」技術

イントロダクション

　ジニー・ロメッティはツイッターのアカウント[★1]を持っている。だれでも彼女宛にメッセージを投稿することができる。だが彼女自身が投稿したことはない。それはそうだ。IBMのCEOがツイッターなどしないし、リンクトイン、フェイスブック、インスタグラムなどのソーシャルメディアに登場する機会も限られている。

　ではこのアメリカ最強の女性CEOは「エンゲージド・リーダー」として失格だろうか。とんでもない。彼女は新時代のリーダーのお手本である。

　2014年10月に同社がツイッター社と業務提携したことを見れば、ソーシャルネットワーク上のデータ[★2]がビジネスにもたらす将来的価値をロメッティが十分に理解していることは明らかである [1]。これに先立ち、同様に重要な業務提携をアップル社とも結んでいる。モビリティの力を同社の中心に据えようという狙いだ [2]。

　ロメッティがツイッターに投稿しないのは、そうしたところで彼女が描くより大きな目標の実現には関係ないからだ。新たなデジタルワールドを戦略的に取り入れることは、単なる表面的・象徴的なものとはまったく異な

★1　https://twitter.com/ginnirometty
★2　ツイッターやフェイスブックなどへの投稿から得られる商品やブランドに関する意見・評価。企業がこれを分析し、経営戦略に役立てようとする動きが盛ん

るのだと彼女は理解し、自分のグランドデザインの実現に集中しているのである。

　本書全体を通じて、デジタル変革期に道を切り開くリーダーについて論じていくが、ジニー・ロメッティはまさにそうした人物のお手本だ。彼女は「デジタル」「ソーシャル」「モバイル」のツールが自社に与える力を理解し、戦略的に利用している。

　例えば、IBMは「システム・オブ・エンゲージメント[★1]」と呼ぶものの開発を指揮してきた。これはビジネス界で最も先進的なデジタル戦略を同社が推進していることを意味する。

　しかし、より根本的には、ロメッティが取り組んでいるのはIBMの一大改革だ。何百億ドルもの資金を投資と撤退に投じ、ビッグデータ、クラウド・コンピューティング、モバイル、ソーシャルの歴史的な融合を目指している。IBMを新時代に即した企業に創り替えるためなのである。

　ロメッティ自身のデジタル活動は、彼女が個人的、主体的に働きかけたほうが大きな効果をもたらし得る場合に特化して、直接的な関わりに力を注いでいる。

　例えばIBMコネクションズという社内ソーシャルネットワーキングツールを毎週使って、社内からフィードバックを得たり、コメントに返信したり、社員たちと連絡を取りあったりしている。

　また、新規事業創出のための「ジャム（Jam）」の活用を増やした。「ジャム」とは企業変革やイノベーションを推進していくためにIBMが活用している世界的規

[★1] 「キャズム理論」を唱えたジェフリー・ムーアが2011年に広めた言葉。デジタル・ビジネスの進展により即時かつ膨大に得られるようになった顧客の声を動的にとらえて、つながりを強化し、ビジネスに活かそうとするもの

模の巨大ブレーンストーミング・セッションだ。

そして、ビジネス界で最大規模の対話型公開オンライン講義（MOOC）[2]として知られる「シンクアカデミー（Think Academy）」では、ロメッティみずからが講師となって毎月授業を行っている。

iPadは四六時中、手元に置いてメッセージに返信し、顧客に連絡を取る。ブログもやるし、ユーチューブにビデオも投稿するし、モバイルアプリを使って同社のイベント参加者と連絡を取ったり、エンゲージメントを深めたりもする[3]。このような積極的な働きかけと素早い反応によって、戦略全体を前に進め、リアルタイムで軌道修正することも可能になるのである。

ロメッティのようなタイプのリーダーはソーシャルやデジタルのツールの価値をわかっており、賢く利用している。最新鋭のアプリやプラットフォームが出るたびにすべてを追いかけるようなことはしない。彼女たちが成功できたのは、現れては消えていくデジタルやその他の多数のツールの利用にあたって、慎重なアプローチをとっているからだ。

ロメッティたちがそれらを利用する目的は、社員の声を聴くこと、アイデアを共有すること、社員たちがより効果的に仕事ができるよう支援することに限られている。

リーダーシップというと、戦略的に目的を達するために権力や影響力を行使することだとずっと考えられてきた。目的が都市の征服であれ、新商品の発売であれ、ホームレスへの物資の提供であれ同じことである。

★2　Massive Open Online Course

しかし私たちを「リーダーのために働きたい」という気持ちにさせるものは、それとは微妙に違うものである。私たちは確かな知識・能力のある人、やる気を出させてくれる人、人として信頼できる人についていく。

リーダーと部下とのエンゲージメントが壊れやすく複雑であることは、デジタル時代になっても変わらないが、近年、いくつかの変化が見られている。テクノロジーが、こうしたエンゲージメントを生み、育てる方法はもちろん、リーダーシップを発揮する方法をも大きく変えたのである。

今日のビジネスや社会において、真に効果的なリーダーであるためには、やり方を変えなければならない。デジタルチャネルを通じて部下とのエンゲージメントを育て、維持する場合は特にそうである。

相手の目を見て握手をするというやり方が意味を失うことはないだろう。しかし、急速に変化していくデジタル世界で顧客や従業員とのエンゲージメントを維持していくにはそれだけでは不十分だ。

「エンゲージド・リーダー」になるのは簡単ではないし、痛みも伴う。今まで経験したことのないような開放性も求められる。統制を維持し、秩序だった先の読める仕事の進め方に慣れてしまっている多くのリーダーにとって、信頼や透明性は頭を抱えるものであろう。

「エンゲージド・リーダー」を私は次のように定義する。デジタル、モバイル、ソーシャルのツールを戦略的に活用して、効果的なリーダーシップや組織マネジメントを実現する人。

簡単なように聞こえるが、デジタルスキルを実践の場で活かすのは、なかなか難しく厄介なものだ。手のひらに汗をかかず、胃をかき乱されるような経験をせずに、エンゲージド・リーダーになることは恐らくできないだろう。

「不参加」はあり得ない

開かれたデジタルの場で社員や顧客と触れ合うことは、コマンドアンドコントロール[1]方式で防弾ガラスの向こう側で仕事をしてきたリーダーたちにとっては、必ずしも心地よいものではない。何しろ今日の多くのリーダーたちは、昔からあるルールに則って、さらに昔からある成功の定義を追い求めて、出世の階段を上がってきたのだから。

変化に直面して方向を見失い、引きこもって活動を止めてしまう者も多いことだろう。しかし、ロメッティのように、自身の計画に関係のないツールには目を向けないことと、現状のままずっと何もしないでいることはまったく違う。それは携帯電話が鳴り続けているのに出ないのと同じだ。

気持ちは十分理解できる——今日のリーダーの試練は厳しいものだ。

まず、権力と影響力は、肩書や給与等級などとは別のものとなった。多くの人はこの時点でどのように仕事を進めていったらいいか困惑してしまう。

---

[1] 司令官が目的遂行のために部隊へ指令（コマンド）を送り、制御（コントロール）するという意味の軍事用語

工業時代の幕開けに発展したヒエラルキーは今日でも普通に存在しているが、これは高い能率と大きな規模を実現するために創られた仕組みである。工業製品の部品などを製造する場合にはこうした階級制度はうまく機能する。意思決定に必要な情報や専門知識が組織のトップだけに存在する仕組みである。

　翻って現代のネットでつながった私たちの社会では、能率への必要性は薄れ、代わりにスピード、イノベーション、変化を求める度合いが高まる。変化に素早く反応しなければならない人たちは組織の最先端、一番下の階層にいるのだ。

　かつてなら階級の梯子の上にいるリーダーが行っていた意思決定を、今日のリーダーは、部下がうまくやってくれるものと信じて任せることが求められている。

　次に、従来のミドルマネジャーはこの変化に抵抗する。上位のリーダーと現場の従業員との間に位置する彼らは、オープンな社風の導入に怯えているのだ。幹部が周囲をうろついて自分たちの直属の部下に話しかけると、自分が部下を掌握する力を失うかもしれない、それは何としても阻止したい、と考える。

　だが、ミドルは変革の担い手として重要な存在でもある。リーダーにとって成功の鍵となるのは、こうしたミドル層がコントロールに対する考え方を改められるよう支援し、さらにネットワーク組織の中でどうすればリーダーとして成功できるかを示すことである。

　最後に、多くのリーダーたちはいまだにデジタル化のよい面を活用できないでいる。ケネディ大統領が1960

年代に初めてテレビを使って人々の心をつかんだとき、彼はデジタルの可能性を見出した。同様にバラク・オバマはソーシャルネットワークを使って大統領の座を手にし、次はデジタルデータを使ってその座を守るというようにデジタルの活用を進展させている。

　にもかかわらず、なぜこれほど多くのCEOや企業のリーダーたちがデジタル化の利点をいまだ見極めきれずにいるのか。

　それは彼らの多くがいまだに、それは自分の仕事ではないと考えているからだ。デジタルツールやソーシャルツールを使いこなすスキルや知識が自分にはないと思っているからだ。だから及び腰になるのである。

　こうしたデジタル化への対応は真に困難な仕事である。だからと言って、目隠しをしてすべての電話を留守電で受けるなんて現実的だろうか。

　リーダーたる者、ソーシャルメディアチームと数人のミレニアル世代[★1]にすべてを任せ、自分から働きかけ、つながる責任を放棄してしまってよいものだろうか。答えはノーだ。顧客や同僚や社員としっかりとした生きた関係を築きたいと思うならそれではいけない。

　今日のリーダーとフォロワーは、高速のインターネット回線でつながることができる。そしてこうした新しい構造には必ず新しいツールが伴う。

　テクノロジーの変化のペースについてはムーアの法則[★2]が有名だが、こうしたペースのイノベーションにはいくつかの要因がある（図0-1、30頁）。これらの要因を見れば、この複雑な状況を理解し、勇気あるリーダーに

★1　米国で、2000年代に成人あるいは社会人になった世代。インターネットが普及した環境で育った最初の世代。Y世代とも言われる

★2　インテルの設立者の一人であるゴードン・ムーア博士が1965年に提唱した法則。「半導体の集積密度は18〜24カ月で倍増する」というもの

とってどのようなビジネスチャンスがあるのかがわかる。デジタル変革を牽引する要因自体は、すでに皆さんご存じのものだが、それがリーダーにとってどのような意味を持つのかを見ていこう。

デジタル変革を牽引した最大の要因は「コネクティビティ」である。ソーシャルネットワークの普及によって、私たちはお互いすぐにつながることができるようになった。

とても簡単にお互いを見つけることができ、相手が貧しい人であろうが有力者であろうが誰とでも等しく簡単にコンタクトを取ることができる。匿名で参加することはできず、排他的な面は減少した。ネットを介せば私たちは時間や場所を選ばず、思うままに共に働くことができる。その結果、個々人の主体性が強調されるようになってきた。

図 0-1　デジタル変革を牽引する 3 つの要因

一方で、ヒエラルキーの力は著しく低下した。つまり、リーダーにはもう隠れる場所はないということだ。ジョージ6世[★1]だったら卒倒してしまうかもしれない。今日のリーダーは大衆のメッセージに対応し、交流する準備ができていなくてはならないのだ。そうした変化によって、リーダーはいまや顧客と直結している。

　「モビリティ」もリーダーの戦略を変えた要因である。さまざまなテクノロジーのおかげでチームはスピードもパフォーマンスも犠牲にせずに、世界中のどこにいても仕事をすることができる。それゆえリーダーは、今までよりはるかに大勢の人材に対して即時にアクセスできる。
　また、リーダーたちが細かな点まで管理する能力を持つ必要性もなくなった。リモートアクセスや自由なモビリティなどを「嫌だ!」と突き返したい衝動に駆られても、変化の潮流を止めることはできないのだ。
　リーダーはこうした社会に飛び込んでいき、モビリティのさらなる向上とともに世界に広がっていく従業員とデジタルツールで常につながっていなければならない。さもなければ不要な情報をかき分けて前進し、期待を伝え、時差を超えて人々と関係を築くことなどできるだろうか。

　最後に挙げるべき要因は「ビッグデータ」である。過去においては知識の差が、戦略上の質問をする側(リーダー)とデータアナリスト側との間に隔たりを生んでしまっていた。

★1　英国王。幼少の頃から吃音症に悩み、内気で目立たない存在だった。前任者のエドワード8世が王位を捨てて離婚歴のある女性と結婚したため、望まぬ王位を継承した

今日、データへのアクセスははるかに簡単になり、分析も自動化されている。そのおかげで幹部たちは以前より多くの質問をするようになり、自分で答えを見つけることも可能になった。

さらなる変化は、幹部たちの仕事が速くなったことである。その最たる例はIBMのワトソンアナリティクス[★1]だろう。この製品は非構造化データ[★2]を高速で評価しながら学習するため、自然言語による検索に対してエビデンスに基づいた仮説を即座に回答することができる。

例えば、「ビジネスコンテンツを使った顧客への営業活動で最も成果を上げている営業スタッフは誰か」という質問に対して、驚くべきことに、その答えを出してくれるのだ。今はまだ、すべてのリーダーがこのサービスと同レベルのデータ分析にアクセスできるわけではない。だが、その時代は近づいている。

3つの要因には、少なくとも2つの重要な共通点がある。1つは、これらの要因について学ぶと、上層部のリーダーたちは組織の中で自分が果たす役割について改めて考え、デジタルツールを使って意思決定をし、仕事を遂行せずにはいられなくなること。

もう1つは、前述したような試練はあるものの、この3つの要因は飛躍を遂げようとするリーダーに対して多大なチャンスと非常に重要なアップサイドをもたらしてくれるということだ。

★1　Watson Analytics. 専門知識を要せずにデータ分析ができるシステム
★2　構造定義されていない数値、文書、画像、音声、動画など、人のコミュニケーションをより表現するデータ

本書について

　私はこれまで、経営幹部たちと多くの仕事をしてきた。小さなグループから大きな公共機関まで、ソリューションの研究や、デジタルスキルおよびデジタル戦略の開発支援ツールの設計などが主な仕事だ。

　本書と同じテーマについてこれまで2冊の本を書き、数々のアイデアやダッシュボード、実用化モデルを検証してきた。本書を書くにあたり、エンゲージド・リーダーのあり方に関する私自身の知見を3つのステップにまとめた。デジタル変革を首尾よく迅速に行うために必要なステップである。

　それは、「情報収集」「情報共有」「エンゲージメント」だ（図0-2、34頁）。これらのステップが一体となり、エンゲージド・リーダーの目的達成の滑走路となる。
「情報収集」とは、個人個人との関係を強化し、つながりを深めるために、彼らがリーダーに対して何を求めているかをしっかりと知るためのものである。
「情報共有」とは、お互いの理解を深め、人々の心構え、ひいては行動を変えさせていくために、リーダーがストーリーやその他の手段を利用することである。

　そして「エンゲージメント」とは、双方向の対話を通してフォロワーを動機づけし、共通の目標に向かって協動するよう促すことだ。

　これから考察していくように、オンラインメディアの性質上、フォロワーはかつてない広範なものになっている。

それは従業員だけでなく、顧客や同僚、または個人の持つより広いネットワーク内の人々をも含む。ということは、効果的にデジタルチャネルを強化すれば、リーダーのパワーと影響力は加速度的に増大するということである。

1. 情報収集──より広く意見を聴く

人の話を聴くということは関係を構築するうえでの基本的なプロセスである。話を聴くことは人が何に興味があるのか、どこの出身かなどを知る手掛かりとなる。

ある意味、話し上手は聴き上手だ。どのような場面でもそれは言える。例えば、人脈作りのイベントやランチミーティングに許可なく入り、いきなり集まっている人たちの会話に割って入る人などはいない。その前にまずは立ち止まって周りの会話を聴くだろう。

図 0-2　エンゲージド・リーダーのフレームワーク

会話に加わっているのは誰だろう。この人たちは何に関心があるのだろう。今何についてしゃべっているのだろう。こうした情報が得られて初めて私たちは会話に参加し、戦略的に会話を仕切ることもできるのだ。

　同じことがいろいろなタイプの対話について言える。まず聴いて、そして参加するのだ。

　人の話を聴く技術は、デジタル時代において新たな意味を持つようになった。すなわち私たちは何十人、何百人、あるいは何千人という人の話を、一度もその人たちの姿を見ることもなく、一度に聴くことができる。しかもそれを継続的に大規模に行うことができる。

　テクノロジーの進化により、直属の部下と廊下で話し、現場の最前線にいる社員の声を街中で聴き、プロジェクトチームの報告を地球の裏側で受けることもできる。アイデアも意見も不平不満も聴くことができる。

　また、社員が組織について何か言っている場合、私たちに対して直接言っている場合でも、ソーシャルネットワークにおいて社員同士で話している場合でも、どちらでも聴くことができる。

　簡単につながることができ、人の意見に深く共感できたとき、この新しい世界はなんて素晴らしいのだろうと思う。一方、適切に取捨選択しないと、騒々しくて気の散る世界でもある。

　詳しくは第1章で扱うが、デジタル時代の情報収集には技法と科学の両面がある。

　情報収集の技法とは、自分の定めた目標を達するには誰に何を聴くのかを選択することである。情報収集の科

学とは、リーダーたちが重要なことに集中し、かつ情報過多にならないために、効果が証明された特定の手段やテクニックを利用することである。

2. 情報共有——ストーリーを伝えて共感を生む

　情報収集と同様、情報を人と共有（シェア）することも基本的なスキルである。これは子供の発達段階を示す目安にもなっている。長い時間をかけて、私たちは生活のあらゆる面で信頼とよい人間関係を育てる方法として、共有することを学ぶ。
　情報を共有しない人は他人と距離を置いて内にこもり、社会の中で孤立すると言われる。反対に、極端に共有しすぎる人は、オープンであろうとする努力が裏目に出て人が離れていくという。情報の共有はバランスよく、戦略的に行う必要があるのだ。
　この戦略的バランスは、伝統的なヒエラルキーにおいてはほとんど失われている。情報の共有は組織により厳格に管理され、抑制されている。組織の各階層が上に対しては情報を選別し、下には決定を押し付けているのである。これはほとんど共有になっていない。
　社内の情報をすべて調べれば、本当に厳重に秘密にしておかなければならない情報は恐らく1％か2％であろう。合併・買収、報酬、企業秘密のレシピ（コカ・コーラの作り方など）といった程度のはずだ。
　それでもリーダーは、出世したければ自分自身の価値を高めるために情報はため込んでおいたほうがいい、と教わるのだ。

ネットワーク組織ではこれはまったく逆であり、情報は共有したほうが最終的にはプラスになる。リーダーが情報を共有するときには、デジタルツールを使うことでフォロワーを引き付けることができる。
　第2章では、新たな情報共有の手段をどのように利用すれば、人々がそのリーダーについていきたくなるかを検証する。つまり、リーダーは情報の拡散を加速させることで、意思決定のプロセスを形成するファシリテーターになるということだ。
　また第2章では、どのようなコンテンツを共有し、どのように戦略に適した形に作り替えるべきか、といった情報共有の技法についても扱う。
　さらに、感情に訴えることや出所の正しさ、ユニークさなどによって情報をより多くの人にシェアしてもらえるようにする方法も検証する。
　たとえばALSアイスバケツチャレンジ[1]は好例である。リーダーを含む多くの人がこのチャレンジを受け入れたのは、キャンペーンが偽物でなく、重要で、ポータブルで、人を引き付ける魅力があったからだ。
　リーダーが自由に使えるデジタルツールについて考えながら、共有の科学的側面についても考察していく。
　情報共有することで、人々はリーダーであるあなたが何を求めているのかを知ろうと躍起になるのをやめる。リーダーが何を考えているかを推測するのをやめることができる。共有されることで、人々はあなたが何を望み、期待しているかがおのずとわかり、それを実行することに集中できるようになるのだ。

---

[1] 筋萎縮性側索硬化症（ALS）の存在を多くの人に知ってもらうためのキャンペーン

3. エンゲージメント——フォロワーとの信頼関係を築く

ギャラップ社のデータによると、仕事にエンゲージしている人、すなわち、組織に対する愛着や思い入れを持って価値の創造に貢献している人は、世界でたった13％である [4]。

多くの企業がこの問題に対して最大の努力をしているにもかかわらず、この数字は 2010 年以降、ごくわずかしか改善されていない [5]。

別の調査では、仕事でよい結果を出して評価されたと感じたときに社員のエンゲージメントが生まれるという結果が出ている。長期的満足度は、給与そのものよりも、チームのメンバーに選ばれたり、重要な役割を担ったりすると高くなる。

だが振り返ると、組織内のエンゲージメント獲得方法は総じて非効率で、成り行きに左右されてきた。リーダーは自分から働きかけて一度に 2、3 人、あるいは対話集会なら 2、300 人と、一人ひとり握手するのがせいぜいであった。

それに比べ今は世界がネットワーク化され、時間や場所の制約はほとんどない。リーダーはいくつもの接点を通じて個人やグループと一対一でつながることができ、目的を持って関係を築いたり段階的に育てていったりすることができる。討論もオンラインのほうがはるかにダイナミックになり、共通の目的の下により深く、リアルタイムで進行する関係を結べる。

エンゲージメントとは結局、戦略を伴った対話であ

る。その対象は社員だけでなく顧客やパートナーや株主などあらゆる人々に及ぶ。

　エンゲージド・リーダーにとって、エンゲージメントを達成するための技法の１つは、いつ、どのようにフォロワーとコネクトするかの決断である。後で取り上げるように、デジタル時代のエンゲージメントの促進には、最大の効果を上げるための相互調整が必要である。

　そして科学とは、繰り返しになるが、特定の目的を達するためのデジタルツールの使用とそれをスムーズに使えるようにするための実践である。やってみて失敗して学び、またやってみて失敗して学ぶ、この繰り返しなのだ。

　３つのステップ──情報収集、情報共有、エンゲージメント──は常に変化し、部分的に重複するものもある。私たちは共有する前に情報収集したり、エンゲージメントを深める方法として共有したりする。別個に、あるいは３つが調和して、これらのステップはリーダーが直観やスキルや自信を向上させるのに役立つよう考えられている。

　またこのステップは企業やコミュニティや学校などの機関・団体がデジタルを活用してエンゲージド・リーダーを育てるための指針にもなる。

　こうしたことを踏まえ、第１章から第３章では３つのステップを１つずつ分析し、さらにリーダーシップを実行するプランを提示する。第４章では、３つのステップを統合して、組織全体にわたって実行するためのモデルを作る。

エンゲージド・リーダーになる
——「戦略」は「計画」から始まる

　ファイナンスやマーケティングに比べると、リーダーシップはビジネスのよりソフトな面と関連している。しかしそこにテクノロジーを加え、少しハードなテイストを混ぜ合わせることもできる。

　重要なのは、本書全体に貫かれている、デジタル時代のリーダーシップはより「効果的」でより「戦略的」になり得るという考え方だ。

　より「効果的」になり得るのはなぜかと言うと、リーダーはこれまでにないやり方でフォロワーとの関係を築くことができるからである。より「戦略的」になり得るというのは、新しいツールはリーダーそれぞれの目的に合わせて活用できるからである。自分にあわせてカスタマイズすることで、リーダーは適切な部分にリソースを集中できる。このリソース配分はリーダー個人だけでなく組織にも同様に適応できる。

　エンゲージド・リーダーになるには、考え方、働き方、人との関係性についての視点の転換が求められる。だがその前に、リーダーは仕事を遂行するための正しいツールを持たなければならない。そこで２つの質問がある。

　第一に、正しい目的は何か。金槌を持っていてもどこにくぎを打つかを知らなければ大工は仕事ができない。あなたの目的は何か。どんな問題をデジタルツールで解決したいか。

第二に、そのための正しいツールは何か。くぎを打つ正しい場所を知っていても、金槌でなくスパナを持っていたら大工は仕事にならない。多くのリーダーはアプリやソーシャルネットワーク（ヤマー、ツイッターなど）を選ぶとき、それが正しい選択だと思って選んでいる。本にもそう書いてあったし、そのあたりに詳しい同僚も使っているから。あるいは、使いやすさを理由に特定のソーシャルサイトを頻繁に使うリーダーも多い。

　デジタル世界のリーダーシップに関して言えば、同じやり方をすべての人に適用できるわけではない。正しい仕事に正しいツールを割り当てるために、あるいは正しいツールに正しい仕事を割り当てるために、あなたのデジタル変革プラン作成の土台となるワークシートをぜひ使ってみてほしい。[★1] 各章の終わりには、このワークシートに詳しく記入する機会を設けている。

　まずは、あなたが達成したい最大3つの戦略的目標を決めよう。そしてあなたが目標にどれだけ近づいたかを測る数値目標を入れよう。

　図0-3（43頁）に書かれているのは3つの目標の例である。「情報収集」「情報共有」「エンゲージメント」が目標達成をどうサポートしてくれるかが具体的にわかるように、第1章から第3章まで、各章末に同じ表を使っていく。

　ここで1つ大事なことは、あなたのデジタル変革は、自分自身にしかできないということだ。本書に書かれているアイデアやツールは、変革を引き起こす触媒にはなるだろう。しかし大事なのはマインドセットを変えることだ。

★1　英語版は charleneli.com/the-engaged-leader からダウンロードできる

作業を進めていくにあたって誰でも簡単に使えるような完璧な出来合いの方法はない。「今後、スナップチャットやツイッターはどうなっていくでしょうか」などと質問されるが、どうなるかは私にはわからない。しかし進化は確実にやって来るだろう。ある意味、どうなるかは問題ではない。また1つ気を散らすツールが増えるだけだ。

　人々は最新の製品を追いかけて手にしたがる。自分が一番であり続けたいのだろう。リーダーたちに申し上げておきたいのは、「気を散らせてはいけない」ということだ。

　エンゲージド・リーダーになることは、最新のアプリや機器を追いかけることではない。デジタル時代のエンゲージド・リーダーになるということは、自分の目標が何なのかを知り、それを達成するにはどのツールを使うべきかを知るということだ。さらに、大喧騒の中へと踏み出す勇気を持つことだ。

　フォロワーの声を聴き、その声を共有し、彼らと直接エンゲージメントを築く——新しい、驚くべき方法で。

図 0-3　ワークシートの例：戦略的目標と数値目標を決める

戦略的目標	業界の最も優秀な人材を引き付け、離職を防ぐ。	新たにターゲットとした市場でシェアを伸ばす。	他にはない顧客体験を提供する。
数値目標	定着率を90%に改善。	リーチ可能な市場でのシェアを25%に伸ばす。	顧客満足度を25%高める。
情報収集			
情報共有			
エンゲージメント			

1. 情報収集

より広く
意見を聴く

Listen at Scale

デンバーに本社を持つレストランチェーン、レッドロビンは、2012年に新商品ピッグアウトバーガーを全米で発売した。チーズ、オニオン、ベーコン、アイオリソース、そして直火焼きビーフパティ2枚という具材たっぷりのバーガーだ。

全米50州の肉好きのハートをわしづかみにするメニューとなる、はずであった。ところが結果は逆。苦情が殺到したのである。

「ベーコンが油っぽい」「アイオリが水っぽくてぽたぽた垂れる」「手に持つとパンがばらばらになる」等々。寄せられた意見は本部のテストキッチンに集められた。

「部長たちが集まり、新商品のレシピをどう改善したらよいか話し合いを始めました。4週間後、改良版が完成し、各店舗での販売を開始しました」同社の最高情報責任者（CIO）のクリス・レイピングは述べた。「それは通常、1年から1年半かかるプロセスでした」[6]

幹部たちの行動は素早く的確であった。これは注目に値する。しかし、この話の素晴らしい点はそれだけではない。新商品に対する意見を書いたのは顧客ではなく、従業員だったのである。レストランの従業員たちが顧客から聴いたり、みずから体験したりしたことを社内のソーシャルネットワークに投稿したのである。

こうして個々の従業員の気づきや体験が、ネットを通じて全社員に共有されたのだった。そして幹部たちも熱心に投稿を閲覧し、関心を持った点については詳細を尋ね、従業員と協力して問題の解決にあたった。リーダーが耳を傾け、行動を起こしたのだ。

最高経営責任者（CEO）のスティーブン・カーリーは言う。「従業員の意見を尊重し、彼らを主体的に問題解決に関わらせることができれば、驚くような学びを得ることができます。そして感動を生み出すことができるのです」[7]

レッドロビンの例が示すように、また私たちの多くが直感的に知っているように、「聴く」ということは人間関係を築くのに有用な手段だ。同社の場合、リーダーは従業員の話に耳を傾け、従業員は聴いてもらっているという実感を持てたことが前向きな結果を生んだ。

組織であれ何であれ、あらゆる環境で言えることだが、聴くことによって話し手の「状況」と「知識」を得ることができるのだ。より深く聴けば聴くほど相手とのつながりは強くなり、人間関係を育て、維持していくことが容易になる。

状況把握と知識なくしてリーダーが部下との共通認識を持つことは不可能だ。これと同じことを私たちはカクテル・パーティーでの振る舞いの中ですでに実践している。

普通パーティーでは、突然人の輪の中に入って会話を乗っ取るようなことはしないだろう。まずは一呼吸おいて注意を払う。話しているのは誰だろう。彼らの興味関心は何か、何をおしゃべりしているのか。そうして初めて会話に加わり、関係を築き、戦略的に会話を運ぶことが可能になるだろう。

同じことがリーダーと部下との関係にも言える。話を聴くことでリーダーは部下について外面的・内面的に理解を

深めることができる。彼らの好き嫌いを知り、知識を補強し、レッドロビンのようなよい結果を生み出すことができる。

こうしたことは今に始まったことではない。ただ今日のデジタル社会において興味深いのは、膨大な量の意見が聴けるということである（図1-1）。

顧客、従業員、取引先、株主は常にSNSなどのソーシャルプラットフォームを用いて会話している。彼らはあなたに向かって話しかけたり、あなたのことを話し合ったりしているのである。あなたの事業に関するアイデアを共有したり、感じたことや気になる点を意見交換したりしているのだ。

そうした働きかけは称賛であれ批判であれ、面食らうほど多様な手段や様式で24時間途切れることなく行われている。そしてこれに対し、あなたは耳を傾けたり、きちんと返答したり、反応したりということを一人ずつではな

図1-1　情報収集——より広く意見を聴く

情報収集	情報共有	エンゲージメント
より広く意見を聴く	ストーリーを伝えて共感を生む	フォロワーとの信頼関係を築く

く、何百人何千人以上に、一斉に行うことができるのだ。

　つまり重要なのは、多くの人の意見を、いつでもどこでも、「あなた自身の目で」一気に知ることができるという点だ。これこそがデジタル時代の「情報収集」なのである。

　これまでは、「話を聴く」と言っても、問題を深く突き詰めることまではされてこなかった。

　誰かがあなたに話すことと、同僚に話すことはまったく違ったかもしれない。これに対し現在は、周りの人が考えていることや自分の周りで実際に起こっていることを、以前よりもはるかに高い確実性を持って知ることができる。

　話を聴くということは礼儀正しくし、相手を思いやり、相手に共感することだと考えがちだが、それは一方でパワープレー[1]なのである。話を聴くリーダーは、その影響力を行使して有益な結果を生み出さなければならない立場にあるのだ。

「聴く」ことに対する新たな認識

　大勢からの情報収集をきっかけに、リーダーは新しい機会を手にする。と言っても、そうした機会を十分に活かすには話の聴き方についての考え方を改める必要がある。より広く意見を聴くことで得られる第一の機会は「みずからアクセスする」ことである。

★1　対人関係をコントロールして希望通りの結果を導く交渉術。政治やビジネスの場で使われてきた

これまで、CEOや幹部たちは情報収集や情報分析を直属の部下に任せて、自分は報告を受けるだけだった。こうしたやり方は、多くの点で非生産的であり、リーダーを現場の最前線から遠ざけ、遮断してしまっていた。

またリーダーは部下によって現場から持ち込まれる情報が十分なものだと信頼するほかなかったが、しかし伝言ゲームという子供の遊びを思い出してもらえればわかるように、また聞きの情報は主観的な判断が含まれており、言い換えられることで元々の文脈を失って伝えられてしまうことが多々あるのだ。

このように現場とから離れてしまうと、リーダーは現実との接点を失い、頭をかきむしりながら「現場は本当にこういう状況なんだろうか」と、いぶかるようになるのである。

エンゲージド・リーダーになることの大きな利点の1つは、幹部たちが周囲の状況をみずからの目で確かめることができる点である。こうしたことがこれからの常識になれば、リーダーたちの気持ちが新たになるばかりでなく、その力も強くなる。

現場のちょっとした情報交換もみずから調べ、解釈できれば、報告のために介在する人間が不要となり、それに伴う主観的判断も排除できる。

2つ目の機会は「関係構築」だ。部下を知ることに関して言えば、デジタルでの情報収集ほど確実な方法はいまだかつてなかった。

これまでは世間の人が何を重要だと考えているのか、根拠もなく、推察するしかなかった。だが今は、昔より

ずっと多くの手段で人々の声を聴くことができるのだ。

しかもそれは一対一の関係ではない。エンゲージド・リーダーとなれば広範な意見を収集できる。組織全体の意見を収集することもできるし、より広いエコシステム全体の意見を収集することも可能だ。

そして3つ目の機会は「継続性」だ。これまで「話を聴く」ことは、まれに、大々的に行われるものだった。つまり企業幹部が聴くことを義務付けられていた四半期報告や年次検査などの報告会である。

顧客や従業員に話をするために、年に数週間続く説明会の一部として、幹部たちは地方へ出掛けていったものだった。より広く意見を聴くことに伴って生じる最大の意識の変化は、今やそれは、24時間365日休むことなく行われるものだということである。

リーダーは数日や1週間でも情報収集を休むことはできない。さもなければ重要な何かを失うことになるのである。そしてこの仕事は他の誰かに任せることはできないのである。

さて、情報収集には、「技法」と「科学」の側面がある。両者について考察してみよう。

情報収集の技法的側面

大勢から情報収集することの技法的側面は、戦略的選択と大いに関係する。合理的判断と直観の両方を持ち合わせるとともに、戦略的マインドが要求される。

繰り返しになるが、まず最初にすべきは自分の目的を知ることだ。章の後半でいくつかの情報収集のツールを紹介するが、日々の情報収集の努力を、いつ、どのようにすればよいのかの正確なアルゴリズムは存在しない。さまざまなチャネルを「あなたの目で」見てみれば、チャンスの組み合わせにいくらでも遭遇する。

社内SNSに参加してプロジェクトノート、営業データ、社員同士のやり取り、業界分析を見てみればよい。主要な顧客グループや現場の最前線にいる社員の声に耳を傾けたり、直属の部下の意見や新規の見込み客の声を集中的に聴いてみるのもよい。すべてあなた次第だ。

大勢からの情報収集とは、何も全員の話を聴くということではない。戦略や直感以外にも、大勢から情報収集する技術を磨き、労力を注ぐ範囲を絞り込む方法はたくさんある。

部下をフィルターに使う

デジタル世界での情報収集という作業はフィルターにかけなければ、とてつもない規模になってしまう。特に情報をきれいに整理された形で定期的に受け取ることに慣れているリーダーは大変である。

不要な情報を排除する一番簡単な方法は、周囲にいる判断のできる人に頼んで重要な情報だけを精選し、そうでないものは削除してもらうことだ。あることの実情を知りたいとき、ネットワーク内には頼りになる人がたいていいるものである。

ある人は例えばファイナンスと受託者責任の知識があり、またある人は美術や建築に造詣が深いという具合だ。こうした人たちにぜひ意見を聴くべきである。

従って、リーダーはすべての情報を読む必要はない。すべてを読んだ人の意見を聴いてフォローすれば良いのだ。また、よい情報を与えてくれる人は必ずしも他のリーダーや幹部たちとは限らない。もっと広く外に目を向けるべきことも多い。

ITヘルプデスクの人が他部署の誰かを知っているかもしれない。ひょっとしたらある営業部長が未解決の問題を解決し仕事の全体像が明確になるかもしれない。あるいは主要な顧客がブログをやっていて、そこから業界に関する洞察が得られるかもしれない。こうした人たちは優れたフィルターの役割を果たしてくれる。

彼らをツイッターや社内ソーシャルネットワークでフォローしよう。リンクトインのネットワークにも加えよう。彼らが話したり投稿したりしていることはとにかく何でも聴こう。

さまざまなレイヤーから情報収集する

情報収集する対象がさまざまであるということは、それだけ数多くの周波数帯、言うなれば異なるレイヤーが情報収集のために開かれているということである。

▶「能動的」と「受動的」な情報収集

「能動的」な情報収集とは、あなた自身のシステムや

ネットワークを介して正面から入ってきた情報を収集するものだ。例えば会社のフェイスブックページ、ツイッターアカウント、社内ソーシャルネットワーキングツールなどを通じた情報である。

「受動的」な情報収集とは、それほど相手を特定しない外部の対象──業界ニュースやRSSフィード[★1]など──をモニターし、どんな状況パターンが生じるか様子を見るというものだ。上記の2つのレイヤーは異なる（場合に対応する）見方を示すが、それらは全体のストーリーの一部分を示すに過ぎない。

▶「直接的」と「間接的」な情報収集

「直接的」な情報収集とは誰かがあなたに直接言っていること、すなわちあなたに宛てられた言葉を聴くということである。

「間接的」な情報収集とは誰かが他の誰かに宛てて言っていること、あるいはお互いにやり取りしている言葉を聴くということである。

後者の場合、あなたにはあえて聴かれたくないと話し手が思っている情報を聴くことになるかもしれない。それでも情報はそこにあるのだ。聴かない手があるだろうか。

▶「流れの内部から」と「流れの外部から」の情報収集

「流れの内部から」の情報収集とはツイッターやリンクトインのニュースフィードを読むことである。「流れの外部から」の情報収集とはコメントやリツイートなどのコンテンツに関して投稿されたものを読むことである。

[★1] 特定のルール（RSS）に従って記述された情報を利用し、関心あるサイトやブログの記事等をまとめ、更新情報を一度にチェックできる。RSS: RDF Site Summary/Rich Site Summary

こうしたさまざまなレイヤーを念頭に置くことで、リーダーは情報の断片をつなぎ合わせ、ビジネスの全体像を描くことができる。そうすることで日々の努力をどこに集中させていくべきか決断できるのである。

自分のデジタル環境をスキャンする

情報を得たリーダーの行動開始をサポートするツールを見ていく前に、最後にもう1つ、情報収集の技法の鍛え方を紹介しよう。それは単純に、自分のデジタル環境に定期的に目を通すことだ。1日数回、1回2、3分でよい。習慣化しよう。

オーストラリアの大手電気通信会社、テルストラのCEO、デビッド・ソーディーもこれを実践している [8]。早起きで有名なソーディーだが、朝起きたらまず1杯のコーヒーと端末を手にする。そして社内ソーシャルネットワーク「ヤマー」に一通り目を通し、夜の間の動きを確認する。組織全体の様子を知るためである。

会社のアクティビティフィードを下へスクロールしていけば、社内の数多くの議論の中でどのようなアイデアやジレンマが語られているのか、すぐに知ることができる。これはとても重要なことである。

社内全体で彼が特に関心を持って情報を追うのは、人と人をつなぐ役目を果たす人物（コネクター）、そしてアイデアマンだ。こうした人たちの投稿を見ることで、牽引力があるのはどの課題か、本当の問題はどこにあるのかがわかる。

ソーディーはたいてい、こうした議論をネット上に掲示して議論を継続させ、上級幹部も知ることができるようにする。彼はヤマーを「私が知る限り最高のヒエラルキー破壊装置だ」と言う[9]。

　昼食時と1日の終わりにもソーディーはヤマーを開き、自分が知っておくべきことが新たに起こっていないかを見る。ときに、社内SNSで読んだ情報を優先して定例のスタッフ会議の議題を終わりにしてしまうこともある。「えー、ヤマーによると社内で今興味深い議論が起こっているようだが、検討する必要はあるかね」といった感じだ。CEOが情報収集していることがわかっているので、幹部たちも情報を把握していることが多い。そのため、一部にはこのツールはヤマーではなく「Ask David（デビッド・ソーディーへの稟議書）」と呼ばれている。

　ソーディー自身はすべてを見たり読んだりしなければならないことは苦ではないと言う。受信箱がメールであふれているのとは違って、SNSでの情報収集は義務感の重荷がないそうだ。むしろ1日の中にちょっとした面白みを添えてくれるものであり、そこから得た知識が以前よりよい決断をするのに役立っていると言う。

情報収集の科学的側面

　多くのリーダーは時間がかかるという理由で情報収集の技法面を実践に移すことをやめてしまう。確かにデータは膨大でどうやっても対処しきれない気持ちになる。

しかしデジタル化は急速に進んでおり、対応は必須であるというのが現実だ。人々の意識も変わり、フォロワーは、ソーシャルサイト上で共有される最新情報を当然あなたも知っていると思うだろう。

　工場閉鎖のこと、みんな話題にしてるのに知らないんですか？　フィードのそこらじゅうに書かれてるのに。ちゃんと気を配ってますか？──こんな具合だ。

　社員、同僚、チームのメンバーとよい関係を築き、維持し、深めたいのであればこうした人たちの声を聴き、収集した情報に基づいて修正を図っていかなければならない。

　幸いにもリーダーは優れたツールが利用することで、整理し、情報過多を防ぎ、不要な情報を仕分けることもできる。これは情報収集の科学的側面である。

　最近までこれはITリーダーや最高マーケティング責任者（CMO）の仕事だと考えられていた。しかし、今日のツールやアプリは極めて強力で使いやすく、リーダーみずからが最前列で自分たちの企業や業界の現状把握に活用できる。

　情報収集のために選ぶツールはリーダーシップの戦略的な目的とぴったり合っていなければならない。ソーシャル・デジタルツールを用いてあなたがコントロール、モニターする必要のある上位3つの事項を決めたなら、あとはスタートするだけだ。

　しかし覚えておいてほしいのは、すべてのリーダーがツイッターに明るくなる必要はないし、スナップチャットに熟練する必要もないということだ。

そのために、RSSフィード、ソーシャルネットワーク、マイクロブログ、ビデオブログ、アラート、コンテンツアグリゲーター、ダッシュボード、フィルターというものがある。すべてはあなたが何を成し遂げたいかにかかっているのだ。

ツイッターを使いたいならそれもよい。ただし戦略的に使ってほしい。大勢から情報収集するとは、あなたをフォローする人全員をフォローするということではない。これはリーダーの誰もが陥り得る、最も生産性の低い行為だ。

次に問題になるのが、組織の目標と必要性に沿って、どのように情報収集するかということである。

各個人の置かれた状況がどのように特殊なものであっても、大勢の人から情報収集を行うための手法やツールはたくさんある。すべてのリーダーが、科学の力で情報収集をきちんと整理するためにこうした手法やツールを考慮すべきである。

コンテンツフィルターを作る

すでに述べたように、大規模な情報収集をより可能にするために、信頼する人にフィルターの役割をしてもらうのが最善の方法だ。

組織、またはネットワークの中に、あなたが敬意を持ち、かつ他者への影響力の強い人たちで構成される小さなグループを見つけよう。彼らは部門間の垣根を越えて広く組織内の各部門の人々と交わることのでき

る人たちであり、社内を結びつける役割を担える人たちだ。

　彼らをフォローして、彼らが誰をフォローしているか、どのようなソーシャルネットワークの中にいるか、どのような人たちから情報収集しているかを割り出そう。

　チャター、コネクションズ、ソーシャルキャスト、ティバー、ヤマーなど、ほとんどの社内ソーシャルネットワークでは、ユーザーは誰が誰をフォローしているかを見ることができる。

　ツイッターなど外部のサイトも同じで、他の人が誰から情報収集しているかを知ることができるのだ。もしあなたのチームのメンバーが全員同じ人をフォローしていたら、あなたもその人をチェックしたくなるだろう。

　特定の人をフォローするのは試行錯誤を要する作業だ。選んだ人が適切だと満足できるまで、あるいはフィードがリーダーとしての仕事に必要な情報を網羅しているかを見極めるまでに数週間の微調整を要する。

　RSSフィードはブログ、フィード、業界ニュースを受信できて便利だが、こうしたものにはフィルタリングしたり（自分の利益となるものだけに絞り込む）、集約したり（簡単に目が通せるように体系的にまとめる）する必要がある。

　ツイッターなどのプラットフォームはサイト名やキーワードでコンテンツをフィルタリングしたり、カスタマイズすることができる。しかしいくつものプラットフォームにこの設定を行うのは億劫だ。

そこでもっとよい方法がある。例えばフィードリンスなどのコンテンツフィルターを使えば、複数のフィードをいっぺんにふるいにかけ、キーワードで投稿をブロックし、コンテンツにタグをつけることができる。
　例えば、ビッグデータに関するやり取りは読みたいが、特定のニュース項目に関する投稿やコメントは要らないという場合、こうしたフィルターでフィードをカスタマイズすることができるのだ。
　フィルタリングすることによってリーダーは労力を一カ所に集中できる。限られた時間と集中力の中でかなり大きなリターンを得ることができる。
　さらに他にも、情報を最大限に活用するためのツールがある。例えば私がスマートフォンに入れているリフレッシュ（Refresh）というアプリは会合の準備を手助けしてくれるサービスである。
　私が誰かと会う約束をした場合、その予定はその人に関する情報とともに私のカレンダー・エントリに入る。人に関する情報はウェブと連動しており、リンクトインなどから取り入れられた職歴や最も特筆すべき経歴といった情報も含まれる。
　あるプロジェクトの件でスーザンという人と会うならば、彼女がその件について何かツイートしたかをチェックすることもできるということだ。社内のあるポストへの志願者との面接が予定されている場合、カレンダー上でその人の経歴を見ることもできるというわけだ。
　これらはリーダーたちの無駄な時間を省くツールであり、日々本当にモニターしなければならないものへ意識

を向けることができる。また、こうしたツールがなければ何時間かかっても終わらないような集中的な情報収集も可能になるのである。

多数のチャネルからの情報収集

　情報収集のために誰をあるいは何をフォローすればよいかが見極められたら、リーダーが取るべき次のステップは使いやすく用意されたフォーマットに情報をまとめることだ。

　ここで出番となるのがコンテンツアグリゲーターである。フィードリーなどのコンテンツアグリゲーターはフィードとストリームを、ダッシュボードという１つのページにまとめるものである。これならばウェブ上をリンクからリンクへと移動する手間が省ける。

　フィードリーが能率的である点は、あなたのネットワーク上のアクティビティをモニターし、同僚たちの間で最も注目度の高い投稿やニュース記事をハイライト表示するので、最新の動向を見逃すことがない点である。

　リーダーにとって有用なもう１つのダッシュボードは、フートスイートだ。フートスイートがあれば、リンクトインにアクセスしたらツイッターに移動して次にフェイスブックに移動して、などといった面倒な作業をする必要がなく、これらすべてのチャネルを１つの画面にまとめて一括管理できる。そしてコンテンツのストリーミングもフォロワー、企業名、ハッシュタグ[1]、キーワードによって管理できる。また、情報量の豊富なレポートを作成する対話型ダッシュボードを作ることもできる。

★1　検索してもらいやすくするために、キーワードの前にハッシュマーク（#）をつける。その語列をハッシュタグと呼ぶ。
　　例：#engagedleader

リーダーには自分だけのニーズに合わせたダッシュボードを作成したいという人もいる。例えば海運会社のマースクラインでは社員、業界の専門家、顧客ごとのコメントや投稿といったように、関係者のカテゴリーごとにコンテンツや情報をマップにしている。

　また、同社のファンはすべて個々に追跡、比較調査される（図1-2）。同社は「ファン」が集うことができる専用のプラットフォームまで構築し、これを通じてファンたちの意見に耳を傾けている。

　また、リンクトインの「海運業界」というグループを活用してさらに800人の業界専門家とも関係を深めている。シンプルながら巧妙である。

　マースクラインはチャネルごとに、同社の各関係者が

図1-2　マースクラインの関係者マップ

リンクトイン （グループ）　　　　**専門家** 　　　　　　　　　　グーグル＋	チャター （カスタマーインバイト）　　ツイッター 　　　　　　**顧客** リンクトイン　　　　フェイスブック （ローカル）　　　　（ローカル）
インスタグラム　　ユーチューブ タンブラー　　**ファン** 　　　　　フェイスブック ピンタレスト　　（グローバル）	フリッカー　　　　ヴィメオ 　　　　　**社員** 　　　　　チャター

どこに集まりたいかを調べ、その会話に慎重に耳を傾けるべく科学の力を利用したのだ。

あなた自身が作り上げるダッシュボードは他の誰のものとも違う。そのデザインはあなたが心に描く目標によって100%決まるものだからだ。

マースクラインは聴くことに特別な努力をしているお手本である。同社はあらゆるチャネルのすべての声を聴いているわけではない。特定のグループを追跡し、彼らがよく利用しているツールでの意見を聴いたのである。そして最終的に、フォロワーの意見を聴いて集めた情報を会社の経営に役立てているということである [10]。

情報収集は15分

情報収集の科学に関する最後のステップは、情報収集をする際に制限を設けることである。制限を設けることは重要である。さもなければ、聴くことが後回しになってしまうか、脱線していつまでも過剰に聴いてしまうだろう。

リーダーには毎日聴くことを習慣化するようお勧めする。少しずつ継続的に聴くことで必要な情報がほぼリアルタイムで入ってくるようにするためである。多くの時間を割く必要はない。

私たちはこれまでの習慣通り、受信箱にメールを受け取るような感覚で、オンラインから情報を得ようとしてしまう。誰かがメッセージを送ってきた場合は返事を出す。受け取ったメッセージはすべて読まないと、重要なことを落とすかもしれない。

しかし、大勢の意見を聴くときは全部を読む必要はない。雰囲気を見るためにざっとななめ読みする程度でよい。労力は少なく速いほうがよく、相手の話の要点をつかむだけでよいのだ。

1日にどのくらいの時間を情報収集に費やしたらよいかと聞かれたら、私はたった15分でよいと答える。そしてその時間は決まったときでなくてよい。どこか隙間時間を使ってフィードを読み、ダッシュボードに目を通すことを習慣にしよう。

タクシー待ちをしているときや、スターバックスで並んでいるとき、ランチのオーダーが来るのを待っているときなどの隙間時間でいいのだ。

これは「情報収集」の話であり、「情報共有」ではない。ブログやツイッターを書くことではなく、ただフィードをチェックする場合の話だ。情報共有については、次章で詳しく紹介する。

権力と影響力を求めて情報収集する

情報収集によって私たちは知識を得る。マースクラインは社員の考えだけでなく、顧客、ファン、業界専門家が言っていることを知っている。その知識は、新しい社員を雇う際の報酬を決めたり、次世代の船舶を設計することなどに使われたのだ。

社員やフォロワーのことを知れば知るほど、こうした

関係性を築き、強い影響力を与えるようになり、あなたはよい地位に上がることができるだろう。

　同じことが、エンゲージド・リーダーのフレームワークの残り2つにも言える。情報を共有することでよりよい結果が生まれ、関係を深めることでフォロワーたちがあなたのために行動してくれることが後でわかるだろう。

　あなたの戦略的目標を達成するために、2、3分を割いて、どうしたらより広くの意見を聴くことができるかを考えよう。各目標を達成するには誰に何を聴けばよいか、実際に書いてみよう。そのためにどんなツール、資源、訓練が必要かを見極めよう。

　図1-3（66頁）はイントロダクションで設定した目標が、大勢の声を聴くことによってどのように目標達成に向かうかを一例として示した。

図1-3　ワークシートの例：情報収集

戦略的目標	業界の最も優秀な人材を引き付け、離職を防ぐ。	新たにターゲットとした市場でシェアを伸ばす。	他にはない顧客体験を提供する。
数値目標	定着率を90%に改善。	リーチ可能な市場でのシェアを25%に伸ばす。	顧客満足度を25%高める。
情報収集	社内のデジタルプラットフォーム化を進めるアイデアを探す。	ツイッターを利用してターゲット市場に役立つアイデアを探す。	会社のフェイスブックページで不満と称賛の傾向を探す。
情報共有			
エンゲージメント			

行動開始にあたっての質問事項

☐ 成功するにはどんな情報が必要か。

☐ 顧客、社員、提携先、仕入先、株主から聴き、学ぶうえで最も大事なことは何か。

☐ 誰に意見を聴くべきか。その人たちから情報収集するにあたって、デジタルツールがどう役立つか。

☐ 情報収集によって、どのような決定をしたいか。

☐ より広く意見を聴くためにどんな方法を選ぶか。

2. 情報共有

ストーリーを伝えて
共感を生む

Share to Shape

情報共有とは、すべてのケースを同じやり方で当てはめられるようなものではない。私が出会ったあるリーダーについて考えてみよう。

彼女はローズマリーという。どんどん大所帯になっていく彼女のチームでは、メンバーは部長、主任といったグループに分類され、お互いツイッターで連絡を取りあっている。

彼女はメンバーと連絡を取るのにツイッターのダイレクトメッセージを利用している。オーソドックスなやり方ではないかもしれないが、彼女には使い勝手がよい。どこからでもアクセスでき、直属スタッフや、人事、技術、事業開発部門のトップにも総じて評判がいい。

社員の成績の把握、ノルマの設定・増大、各種業務データや安全に関する重要なお知らせの周知、交通や天気の最新情報の共有などに利用している。

一方、ローズマリーから見て地球の裏側に住むフランシスは文字よりも写真を好むリーダーだ。時々ブログやフェイスブックをマーケティングチームに更新させているが、彼が共有してもらうために選ぶ手段は「セルフィー（自撮り）」である。

講演のため一年中各地へ出掛けている彼にとって、セルフィーは世界中を飛び回りながら出会った人々とつながる手段なのだ。

ローズマリーとフランシスの共通点は何か。

その責務やソーシャルメディアの好みの程度に違いはあるものの、二人の間にはかなりの共通点がある。

ローズマリーとはローズマリー・ターナー。UPS[1]の北カリフォルニア地区の社長である。1万7000人に及ぶ管轄内のすべての従業員——管理職、社員、ドライバー、運行管理者——の監督が彼女の任務である[11]。トラックが走らなくても、クリスマスプレゼントが届かなくても、すべてが彼女の責任となる。

　一方、フランシスとはカトリック教会の最高権威、教皇フランシスコである。ローマおよびバチカン市国の司教であり、世界に広がる信者約11億人のリーダーである。世界100カ国以上のトップと会談し、外交を維持すると同時に、世界中のカトリック教徒と一貫した対話を持つべく活動している。

　クリスマスの伝統を守ることに心を砕いているという共通点以上に、両者は共にエンゲージド・リーダーである。多くのフォロワーとの関係を管理し、彼らの行動に影響を及ぼすには、どうソーシャルツールを活用していけばよいかを知っている。

　第1章で見たように、リーダーは多くの声を聴くことで、どのようなアイデア、情報、行動が、フォロワーのリーダーを支えようとする力を刺激するのかを判断できる。

　次にそうした声を共有することで、フォロワーを引き付けるだけでなく、彼らをより大きな目標に照らして効果的で生産的な人材であり続けるようにするのである（図2-1、72頁）。

★1　フェデックスやDHLと並ぶアメリカの国際貨物航空会社

情報を共有すると、なぜ共感が生まれるのか

　ローズマリーやローマ教皇ほど情報共有の効果を確信していないリーダーは、決まってこう聞く。「どうすればフォロワーができるのですか」。私の答えは常にこうだ。「あなたにはすでに部下というフォロワーがいるじゃないですか」

　彼らが認識しているように、実生活においてリーダーであることと、ソーシャルメディアでフォロワーを持つことに対する意識の食い違いの中にこそ、興味深い関連性が隠れている。

　リーダーは500人あるいは5000人といった人々から報告を受けているかもしれない。しかし、そのうちソーシャルチャネルやデジタルチャネルでリーダーをフォローしているのはほんのわずかである。

図2-1　情報共有——ストーリーを伝えて共感を生む

情報収集	情報共有	エンゲージメント
より広く意見を聴く	ストーリーを伝えて共感を生む	フォロワーとの信頼関係を築く

これは、情報を共有することでリーダーが得られる機会が無数にあることをはっきりと示している。情報の共有はエンゲージド・リーダーになるための次のステップであり、リーダーの権力、影響力をさまざまな面で飛躍的に高めてくれるものである。
　第一に、情報の共有はフォロワーとのつながりを生み出し、よりよい関係作りに役立つ。例えばUPSでは、ターナーが毎日最も神経を使うのは、従業員がサンフランシスコの幹線道路を行き来するのをサポートするときだ。
　現場で運転中の何千人というドライバーや大口顧客担当の営業スタッフとは、簡単に即座に連絡が取れるようツイッターでつながっている。「ベイブリッジは避けて。事故発生」「覚えてる？　5時半からジャイアンツの試合よ」といった具合だ。
　図2-2はターナーがよい仕事をした従業員に対してツイッターで送ったメッセージの例である。

図2-2　ローズマリー・ターナーから従業員へのツイート

オークランドの整備士のダグに皆でお礼を言いましょう！　彼が安全第一に考えてくれたおかげで皆助かりました！　ありがとう、ダグ。

職務の範囲内で共有している洞察や見解をきっかけに、ターナーはカジュアルな形で組織全体とつながりを持つようになった。

ターナーはツイッターを社内のあらゆる層のあらゆる人に向けて発信している。情報の共有を通じて彼女が培った信用と共有の仕方によって、従業員たちは自分が認められていると感じ、彼女の UPS 社内での影響力も上昇した。

ソーシャルチャネルで共有されたメッセージを見て部下は彼女を信頼し、信頼性の向上がプラスの効果を生んだ。その効果とは、部下がターナーを支える力が強化され、仕事の成果が上がったことである。

第二に、情報を共有することで主要な目的が達成されやすくなる。多くの人の声を聴くことと同様、情報共有は戦略目標とかみ合ったものでなくてはならない。

ターナーの目標の 1 つは、彼女の管轄下にある従業員全員が、もっと自分のアイデアや気が付いた点を堂々と述べられるように促すことだ。

業務改善のために誰もが平等に発言できる土壌を作りたい。これは、社員、顧客、販売会社と経営陣との開かれた対話を奨励している UPS 全体の広範囲なオープンドアポリシー[★1]にもぴたりと一致する。

「ツイッターで厳しい意見を述べると、社内アンケート調査と同じくらいの反応が返ってきます。私より 4 つ階層の低い部長が『お言葉ですが、賛成しかねます』と言ってきました。こうしたオブラートに包まない率直さは大変いいと思いますし、このような部下によるエンゲージメントをもっと増やしたいのです [12]」と彼女は言う。

★1 企業の開放性や透明性を促進するために、トップと社員との自由なコミュニケーションを奨励する方針

情報共有に対するターナーのこのようなアプローチが功を奏し、社員はいつでも彼女とコンタクトを取ることができるようになった。彼女の目標であり、全社の目標でもあった開放性はこうして実現したのだった。

　興味深いことに、ターナーは情報共有に対して最初から熱心であったわけではない。2 年前、広報担当リーダーがソーシャルメディアを試してはどうかと彼女に勧めたとき、ターナーが最初に思ったのは、「セレブリティのキム・カーダシアン[★2]じゃあるまいし。ランチに何を食べたかなんて投稿する気はないわ！[13]」というものだった。

　最終的にはしぶしぶ受け入れたが、アカウントの運用は広報担当が代わりにやるようにと強く要求した。こうして始められたツイッターであったが、初期の投稿がよい評価を受けるようになると、彼女はこれが大きな可能性を秘めていることを実感した。

　彼女はこう語っている。「ものすごい衝撃でした。人のツイートを読んでその内容をシェアするとき、いろんな人と触れ合えるような気がするし、自分のリーダーシップの影響範囲も広がる。私は今これだけの人とつながっている、その中から誰かとコンタクトを取ることもできるし、欲しいものを見つけることもできるんだと思いました」[14]

　同様にフランシスコ教皇の目標もまた、1 つには普通の人々と結びつき、カトリックの教義をより身近なものにすることである。防弾ガラスで覆われた教皇専用車から降りたり、大聖堂のバルコニーから降りてサンピエトロ広場を闊歩したりするのも、その任務を果たすための行動だ。

★2　裕福な家庭に生まれ、芸能活動、慈善活動などを行うソーシャライト。

教皇の行動はすべてがその目標に近づくために入念に準備されている。ソーシャルメディアの利用も彼の声をより遠くまで拡散することを狙ったものである。セルフィーを共有の形態として選んだのも、これが教皇の目的にかなうからだ。

最後に、情報共有はリーダーの権力と影響力も拡大するということである。共有した情報が拡散するに従い、ターナーが影響を与える範囲は広がっていき、所属部署や管轄といった仕事上の正式な範囲をはるかに超えたところまで拡大する。

こうした事柄は、エンゲージド・リーダーになる過程で生じるプラスの副産物のほんの一部である。

情報共有における変化
——乏しい情報量からありあまる情報へ

エンゲージド・リーダーのステップ（情報収集、情報共有、エンゲージメント）は、変化とリスクの中を舵取りしていくという意味では、徐々に複雑になっていく。

ミレニアル世代やデジタルネイティブ世代[★1]は、バーチャルな友人と自分の情報を何でも共有し合うことに慣れている。しかし、現在高い地位にあるリーダーたちは彼らほど開放的でありたいとは思っていない。

こうした違いは、この世代で情報の需要・供給を促す力に劇的な変動があったことを考えれば、納得のいく話である。

★1　1980年以降に生まれ、デジタル技術にアクセス可能で、「デジタルリテラシー」を身につけている人

かつてのリーダーは情報を隠し持っていて、公開するときにも厳格な統制をとっていた。このようなやり方で情報の不足状態を作り出していたのだ。今日のリーダーは、情報を広く拡散させるほうが（すなわち情報の豊かさを利用したほうが）、はるかに大きな影響力を持つことができる。

　リーダーは情報を共有する方法に関しては決然としているべきだが、今は本質的に情報統制が不可能な時代であり、半永久的な不安定さに慣れなければならない（さらに言えば、その価値がわかるようにならなければならないだろう）。

　まずはこの情報共有に関する変化の波を、対処可能な大きさのかたまりにして、考察することから始めよう。

1.「会って話す」から「ネット上での共有」へ

　この変化は前述したように、権力が情報にどう作用するかということと密接に関わっている。

　従来の司令官型のリーダーなら部下に行動を指示するとき、最終目標がどのようなものであるかはほとんど伝えず、命令実行において部下に自由裁量の余地はほとんど与えないだろう。

　それに対して今日では、巷に知識があふれる中、情報共有は自分自身の目標はもちろん、フォロワーの目標達成を助けたいという動機から始まるものとなっている。

　その際、鍵となるのは、皆が共通の目標に向かって一致団結できるように、チーム全体の戦略をはっきり

と示してやることだ。行動を事細かに指示するのとは違い、情報共有は部下の行動を内面から喚起するものでなければならないのである。

2.「たまに受ける報告」から「絶え間ない情報共有」へ

　リーダーたちが今も思い出すのは、1990年頃における四半期報告書や期末決算書が、どれほど特別なイベントだったかということである。毎年同じ時期に1つの完璧な発表を用意するために、何週間分もの時間と資源が投入された。だがしかし、それは解析ツールとリアルタイムの情報が新しい時代の扉を開いてくれるまでの話だった。

　今、リーダーは情報を共有しなければならない。メッセージを頻繁に受けるためだけに端末の前から動けないこともよくあるだろう。ローズマリー・ターナーは毎日朝から晩までいくつものプラットフォームで情報共有をしている。なぜか？　大きな理由は、彼女が管轄する巨大地区の全従業員がスムーズに動けるようサポートするためである。裏を返せば、彼女のアドバイスがなければ従業員たちは指示を求めて右往左往してしまい、結局は従業員同士でぶつかり合ってしまう恐れがあるからである。

　時間に遅れないようにトラックを運行することは、UPSのような物流会社にとってはとりわけ重要だが、業種にかかわらずどんな企業においても、頻繁な情報共有があれば、従業員は全員そろって整然と業務にあたることができるのである。

3.「フォーマルな情報共有」から「インフォーマルな情報共有」へ

　メッセージのやり取りがあまりにも頻繁になったことも理由の1つであるが、情報共有には形式ばらないカジュアルなやり取りが普通となった。

　もはやリーダーは、象牙の塔から現れて美しく作り上げられた知恵の真珠を授け、フォロワーや直属の部下がその一言一句をありがたくいただくという存在ではない。そのような形式を重視するには、世の中はあまりにも速く動いている。

　ローマ教皇でさえそれに気づいているのである。教皇は大聖堂のバルコニーや説教壇から声明書を読み上げるようなことはめったにしない。それよりも人々の中に歩いていったり、走行距離30万キロ以上の中古車を運転しては、途中で降りて人々と写真に納まるのだ。

4.「整った文章」から「完璧ではない文章」へ

　この変化に対応するのが一番難しいというリーダーもいるだろう。情報共有はとどまることなく進行しており、カジュアルな形式になっているので、準備なしで入力しなければならないこともしばしばだ。かつて情報共有の機会がたまにしか起こらないものであったときは、どんな内容であれきちんとした文章を書く必要があった。

　現在は状況が一変し、さっと書いてさっと送信することが要求される時代になった。情報共有の障害となるものは取り除かれ、くだけた形式ばらない形が普通となった。

投稿するメッセージが完璧な文章でなくてもよくなったのは助かるが、その代わり、情報に信憑性があり、当座の問題との関連性があり、タイムリーであることが求められるようになった。すなわちその瞬間に合った写真、リアクション、選び抜かれた言葉ということだ。

情報共有に関する基準がこのように変わることで、リーダーには悩みが増える。「自分の共有の仕方が皆に気に入られなかったらどうしよう」「共有したものが間違っていたらどうしよう」もっと心配なのは、「誰も興味を示さなかったらどうしよう」だ。

この後にも触れるが、情報共有の技法と科学を掘り下げれば掘り下げるほど、たった1つのツイートが大成功を導くとか、その逆の結果を招くわけではないことがわかる。

大事なのは積み重ねだ。情報共有は関係を築き、そのような関係をたくさん蓄積し、フォロワーとつながり、そして戦略的に人々の行動を変えさせていくための土台である。

情報共有の技法的側面
——「何を」共有するか

速くて、頻繁で、形式ばらないというと、情報の共有はすべて簡単なものだという印象を受ける。しかし、修練を要する技法があることも確かだ。

関連するヒントやテクニックをより詳細に検討する中で、リーダーが使える、また使うべきものを検証すると同時に、そうしたヒントやテクニックを使って最大の効果を得る方法も考察していく。

　基本的なレベルにおいて、情報共有でよい成果を生むためには、次の３つの事柄が関係してくる。戦略目標、共通基盤、関係性重視である。

　リーダーは目的を持って情報共有をすべきである。エンゲージド・リーダーの仕事は、戦略的な試みなのだ。何をどのように情報共有するかの選択は、常に自分の目標と組織の目標との両方に対応するものでなくてはならない。

　さらに、多くの人の声を聴くことによってあなたが少しずつ蓄積した共通基盤や共通の関心事は、あなたがどんなトピックを共有するかをフォロワーに知らせるうえで重要な役割を果たす。

　ときに、情報を共有するということは、まだ深刻な問題にもなっていない新たな関心事に反応するだけで終わる場合もあるが、フォロワーに対して意見やアドバイスを求める直接的な訴えとなる場合もある。いずれにせよ、共有する前に多くの声を聴くことが不可欠だ。

　エンゲージド・リーダーへと成長していく一つひとつの局面において、私たちは関係性にまつわる基本的な問いに立ち返るだろう。「自分はフォロワーとどんな関係を持ちたいのだろう」これこそ情報共有の技法的側面が重要になる場面である。

シスコ社の最高技術・戦略責任者（チーフテクノロジー＆ストラテジーオフィサー）であったパドマスリー・ウォリアーの例を見てみよう。私が今まで出会った誰よりも、情報共有に優れた人物である。広く多様なネットワークを持っていて、常に 150 万人のフォロワーにツイッターでシェアしている [15]。

彼女の目標の 1 つはシスコのチアリーダーになることだ。たとえばウォリアーは、多くの優先プロジェクトがある中、IoT[★1] に関連するリサーチや製品をツイッターで迅速に広めていった。

しかし、シスコのこうした知的財産だけで、ツイッターを利用する多くの人たちにアピールできるのだろうか。恐らくできないだろう。ウォリアーは自分にとって大切だと思う個人的なトピックについてもよく投稿する。移民改革、慈善活動、女性とテクノロジー、そして美術に関するツイートもある [16]。自分で描いた絵、詩や俳句も投稿する [17]。

彼女のソーシャルメディアへのアプローチは信用が置けるものであり、彼女自身の人生に対する見方がそれに厚みを添えている。そしてこの率直さがフォロワーとの間に築いた関係を一層深いものにしているのである。

フォロワーはさまざまなトピックに対する彼女の独自の考えを楽しんでいる。その結果どうなったか。彼女は、は技術関連の話などに興味を示さないであろう何千人という人たちに、シスコ社のメッセージを届けることに成功しているのである。

★1　Internet of Things. コンピュータだけでなく、さまざまなものに通信機能を持たせ、インターネットに接続したり相互に通信したりすることにより、自動認識や自動制御、遠隔計測などを行うこと。モノのインターネットとも訳される

拡散する情報共有——感情、信用、視点

情報を共有するときに追求すべきなのは、感情、信用、視点だ。ウォリアーのツイートはしばしば彼女のフォロワーたちのネットワークを超えてリツイートされ、確実にシスコの関係者の範囲を超えて広がっている。

彼女のメッセージが外へ広がってもしっかりと受け入れられているのは、それが信用できるメッセージであるからだ。どの投稿も心から率直に語り、見解が明快である。図2-3のツイートでは巧みな言い回しで自己表現と透明性に関する見解を披露している [18]。

ウォリアーだけではない。世界最大の独立系PR会社エデルマンのCEO、リチャード・エデルマンも情報共有を活用して強力なパンチを放っている人物の一人だ。

図2-3　視点を共有する

先週の教訓：ダンスは誰も見ていないと思って踊ろう。でもメールは世界中が見ていると思って送ろう。

彼のブログの投稿もまた、大きく広がり、人々の話題に上り、次々に拡散している。ポイントは、適度に感情にアピールすること、頻繁に自分の話を入れることだ [19]。

例えば、「私はなぜ父の会社に入ったか」という投稿ではプライドを持って語っている。また、別の投稿では、ロウアー・マンハッタンの9/11メモリアルミュージアムで経験した胸を刺すような悲しみについて書いている [20]。

> ギャラリーの小さな展示品に私は深く心を打たれた。押しつぶされたパトカーや黒こげの救急車よりもずっと強い衝撃だった。
> 血で汚れた一足のハイヒール。ビルが倒壊する前、階段を逃げ下りる女性が履いていたものだ。金融会社のトレーダーが着けていた赤いバンダナ。元フットボール選手のその若者は、煙を避けるために口を覆い、同僚を助けようとビルの中に戻った。英雄はしかし、帰らぬ人となった。ビルにあった法律文書や取引伝票といったものも置いてあった。
> 法的文書や商取引の伝票類などわずかな寿命で役割を終えるエフェメラ[★1]が収蔵されていた。

私はこのような投稿をする理由をエデルマンに尋ねてみた。彼にとって、あるいは彼の会社にとってどのような価値が生まれるのかと。彼は次のように答えた。
「エデルマンの社員や顧客と個人的につながることができます。PR業界で話題になっていることについて考え

★1　一時的な印刷物で、長期的に使われたり保存されることを意図していない。収集の対象となることが多い

を述べることもできるわけです。同業のCEOたちはほとんどこういうことはしていません。…私はアウシュヴィッツ＝ビルケナウ強制収容所の解放70周年記念イベントに参加する予定です。生存者の話も聞くつもりです。ダボス会議にも行きます。こんな体験をお伝えしないなんてもったいないじゃないですか」[21]

　エデルマンとウォリアーの例からわかるように、感情を伝えることは、事実や物事の枠組みだけを話すよりも強く人々の印象に残る。人間性を感じさせ、何らかの視点を伴う情報共有は人々の関心を惹き、拡散されやすいのだ。

記憶に残る情報共有――ストーリー

　トロント大学ロットマン・スクール・オブ・マネジメントの名誉学長、ロジャー・マーティンは、「戦略的プランニング」と呼ばれる、困難な一筋縄ではいかないプロセスについてブログでこう書いている[22]。

　プランニングを延々と続くスプレッドシートのように退屈なものととらえるのではなく、「幸せな未来へと導いてくれるストーリーだと考えよ」という。

　戦略を発表し、共有するのに最もよい方法は、ストーリーのように始まりと中盤、そして一番大切な終わりを持たせることである。ストーリーがあれば記憶に残る。人はそれを忘れずにいることができ、話すことができ、まとめることができる。戦略の5つのポイントは覚えていられないかもしれないが、その背後にあるストーリーは覚えていられるだろう。

同じことが情報を共有して共感を生むことについても言えるのだ。リーダーシップを実際のストーリーと関連づけ、あるいは、他の記憶に残りやすい形で語ることができれば、それだけ多くの人にあなたが伝えようとした考えを覚えていてもらえる、繰り返し語ってもらえる、採用してもらえるということだ。まさにそのようにして共感は生まれるのである。

もう1つの技法的側面──映像による奥行きと広がり

　シスコ社では社員全員が疫病に侵されたかというくらい、情報を共有して共感を生むことがしっかりと浸透している。なぜならCEOのジョン・チェンバースは、ウォリアーに負けず劣らず、ちゃんとルールを身につけているのだ。

　私がこれまでに出会ったトップリーダーたちの中で、最も記憶に残る動画を作ったのがチェンバースである。スーツ姿でオフィスに立ち、鴨笛を吹いて見せた。完璧な音程で何通りかの吹き方を披露している[23]。

　幹部の一人が同社のビデオカメラ「フリップ（Flip）」で撮影したこの動画は人から人へと語られ、ユーチューブでの視聴回数は4万5000回に達した。

　なぜチェンバースはこのような行動に出たのか。動画に対するコメントを見ると、（少なくとも同社の数人の社員への）影響の大きさがわかる（図2-4）。

　私は何もすべてのリーダーにオフィスに鴨笛を用意しなさい、はしゃぎなさいと言っているわけではない。1

つの場面に、1つの共有できるストーリー、あるいは記憶に残るエピソードがあれば、目的を達成したり、人との関係を築いたりするのに役立つと言っているのだ。

　チェンバースのビデオが証明しているように、映像は情報共有の技法の新たな一面だ。例えば雑誌『ヴァニティ・フェア』に掲載された教皇の自撮り写真を見たり、チェンバースの鴨笛の動画を視聴すれば、文字だけの記事をシェアするよりずっと豊かで記憶に残る経験となるはずだ。

図 2-4　チェンバースの鴨笛のビデオに関する社員コメント

> こんにちは、ジャミソンフト[★1]。シスコの社員ではないんですよね？ リーダーのジョンがユーチューブですごく重要なものを見せているよ。うちの会社の社風やビジョンが他とはどれだけ違うかを見せているんだ。シスコのビジョンは「働き方、暮らし方、遊び方、学び方を変える」だ。きみがこの意味をわかってくれるといいんだけど。こういうことこそがシスコを特別な会社にしているんだ。ジョンは自慢のCEOさ。ありがとうジョン！　楽しいひと時と素晴らしいビジョンを。

> 怖いものなしの我らがリーダーは、こんな才能の持ち主だったんですね。知らなかった。

> ジョン最高っ!!!　マルチな才能。これぞ我らがリーダーだ!!!

> ウォールストリートのロボットではなく、会社の外の世界にも興味を持つちゃんとした人間と仕事ができることをうれしく思います!!!　ありがとうジョン、笑わせてくれて。そして素晴らしい才能でこの会社を引っ張ってくれて!!!

★1　ユーザーの名前

文字、静止画、動画など、情報共有の技法はマルチメディアである。判断するのはあなただ。ここでは静止画には千の文字に匹敵する力があり、動画には千の静止画に匹敵する力があるとだけ言っておこう。よくできたブログは素晴らしいものだ。しかし写真やビデオは簡単で早い。

それでも写真を撮って投稿するのは従来型の言葉のプレゼンテーションに慣れているリーダーには無謀に感じられるかもしれない。誰がこれに興味を持つだろうかと思うかもしれない。

しかしこう考えてみてはどうだろう。あるリーダーが重要な得意先企業を訪れると、その得意先は彼の会社と仕事ができて非常に喜んでいると言ってくれた。リーダーは会社に帰ると、そのよい知らせを部下に伝え、末端の社員まで関係者全員に伝えたいと思うだろう。

あるいは得意先の社長と一緒に写真を撮るかもしれない。社長はカメラに向かって満足そうに親指を立てるかもしれない。「今、お得意先のジェーンさんと一緒です。ジェーンさんは上機嫌。今彼女のオフィスで話をしていて大満足のポーズをとってくれました。みんな、よくがんばったね！」

チームの結束や士気を高めるという意味では、こうした映像はチームをぐっと高いレベルへ引き上げてくれる。その写真に、ジェーンがどれほど皆の仕事を気に入ったかという本人の言葉を添えてもよいだろう。

こうしたものには一瞬にして組織全体に高揚感を生み出す力がある。文字だけのメッセージや素っ気ない会話では到底太刀打ちできないものである。

情報共有の科学的側面
——「どのように」共有するか

　情報を共有して共感を生む「技法」は、「何を」共有するかという問題だった。一方で、情報共有の「科学」とは「どのように」共有するかである。そうしたツールによって作業が簡単になり、その結果リスクが減り、さらに予測可能性がリーダーの手に戻らなければならない。

　注目すべきは、ソーシャルツールやデジタルツールの助けがあれば、情報共有は簡単で（正しく行えば）時間もかからないということである。

　巨大なネットワークと簡単につながれるということは、30人のチームのリーダーと同じくらい容易に、3万人の社員と情報共有できるということだ。

　さらに、時差を気にせず、適切な時間に投稿できるスケジューリングプログラムや、長くて煩わしいリンクを短縮したり、大容量のファイルを圧縮するアプリ、写真やその他のメディアをいつでもどこでも一瞬でシェアできるモバイルプラットフォームなどがある。

　モビリティに関しても多くのアプリが機能を高めており、情報共有を始められる準備は整った。だがそれでも、リーダーが情報共有を難なくこなせるようになるには、行動の枠組みが必要だ。

　これらを念頭に、リーダーがどのプラットフォームを選んでも、それほど混乱せず、簡単に情報共有ができるようになるための6つのテクニックを紹介しよう。

1. 計画策定——なぜ、何を、どのように共有するか

　情報共有についてリーダーや幹部と話をすると、彼らはどうしても実践的な質問に飛躍してしまう。「フェイスブックではなくユーチューブを使い始めるのはいつ頃からがよいのでしょう」といった具合だ。

　悪くない質問だが、やはり時期尚早だ。まずは目的に立ち返ろう。あなたは情報を共有することから何を得ようとしているのか。そしてそれはあなたの大きな目標にどう関係しているのか。あなたはどんな関係を築きたいのか。それはなぜか。

　なぜ情報を共有するのかがわかったら、ソーシャルメディア別にユーザーのためのコンテンツ一覧表を作ろう。

　リーダーは計画を立てることが好きだ。ここでの作業は、シンプルで段階的な作業の出発点である。すなわち、「なぜ（目標）」「何を（関係）」「どのように（メディア）」だ。

　情報共有に秩序を持たせるとリーダーは時間の管理がしやすくなるし、戦略的目標と照らし合わせながらコンテンツを作ることができる。

2. 収集した情報を基にキュレーションする

　ほとんどの場合、情報を共有するためにまったく新しいコンテンツを作る必要はない。情報収集をこまめにやっていれば、リーダーとしての立場から、既存のニュースやアイデアを精選して構成し、あなた自身の視点を加味してコンテンツを作ることができる。

私はリーダーに、既存のメッセージやネタを使うことから始め、そこにあなた自身の賢い分析を加えなさいと言っている。

　フォロワーが関心を持っているアイデア、リサーチ、ストーリーを偶然見つけることはよくある。あなたはフィルターの役割をすればよいのだ。すなわちどの記事がシェア可能か、ポータブルかを判断すればよい。

　同様にツイッターでリツイートしたり、リンクトインやブログで再投稿したりするのは、一日中コンテンツ作りに追われることなくあなたの考え方を伝えることができる優れた方法である。

3. 切り替え

　何を投稿すべきかというアイデアの段階で行き詰まってしまった場合は、意識を手段へと切り替えてみよう。あるいはその逆の場合もあるだろう。同じコンテンツの異なったバージョンをさまざまなプラットフォームで発信してもよいのだ。

　それぞれ少しずつ違った印象に見えるだろうし、異なる人たちにメッセージが届くのでフォロワーが増えることにもつながるだろう。

　インスタグラムは写真が主役だし、ツイッターは 140 字の制限がある。ビデオブログは好きなだけ長く、あるいは短くすることができる。こうしたアプローチを取れば、あなたの投稿は常に新鮮でずっとメッセージとして残る。

ビジネス関係のメッセージと個人的な興味・関心を交互に発信するというカジュアルなスタイルを持つリーダーは多い。

パドマスリー・ウォリアーはこの手法を非常によく使う。いろんなものを少しずつ投稿してうまくやっていけるのは、彼女の視点が安全弁として働いているからである。

4. ルーティーン化

PR会社エデルマンのCEO、リチャード・エデルマンは、信頼できる意見を発信しているというだけでなく、ブログの鉄人でもある。なぜならこの10年間、週に1度のペースで投稿し続けているのだ。

PRのプロなのだから難なくできるのだろうと思われるかもしれない。今となってはそうかもしれない。しかし、彼はルーティーンとして自分に課してやってきたのだ。

2004年9月以来、一度も休むことなく毎週火曜の朝6時にブログを投稿してきた。「ほとんど1週も欠かしたことはありません。どうにか面白いものを見つけています」と彼は言う [24]。

私はリーダーに、ほんの少しの隙間時間を確保して、コンテンツを書いたり考えたりすることを習慣にしましょうと言っている。使わなかったコンテンツも後で必要になったときに使えるようにとっておこう。企業が何かの正式発表の日程を組むように、投稿をきっちりと

ルーティーン化するのだ。

　私の好きなルーティーンの1つは、予約投稿だ。ツイートデック、フートスイート、バッファーといったツールを使ってツイートを書きまくる。それらの記事は1週間分ためることができ、人がツイッターを読んでいるタイミングでスケジュール通りに投稿される。

　また、自分が壇上でスピーチなどするときは、その時間に合わせて投稿を設定するだろう。来場者の多くは、イベントの開催中にツイッターを見ているからだ。これらのツイートは、私のメッセージを強化・拡大してくれる。このようにすればメッセージは拡大され、イベントに集まった聴衆よりも広い範囲に届けられる。同時に、さまざまな方法で一斉にコンテンツをシェアできるのだ。

5. 強みを活かす

　私が企業の上級幹部に伝えたい基本的なメッセージの1つは、デジタルリーダーに変わるということはリーダーの人生を乗っ取ってしまったり、彼らの仕事の影を薄くしてしまうのではないということだ。

　リーダーの仕事は部下が組織のために働くことを動機づけし、やる気を出させ、指揮することである。ソーシャルツールやデジタルツールはその仕事を簡単にするだけで、取って代わることはできない。

　反対する向きもあるかもしれないが、シェアするうえでリーダーが常に「送信」ボタンを押す人である必要はない。実際に投稿する作業は誰かに任せればいいのだ。

マリオットの執行役会長、ビル・マリオットは80代にして、いつもブログをやっている。しかし、自分では文字を入力していない。飛行機での移動中などに時々長い文章を書いて、草稿を付き人に渡して投稿してもらっている。それ以外のときはオフィスに座ってブログ原稿を口述し、書き取らせている。

　入力できないことを理由に行動を差し控えることはない。彼が会社の「頭脳」であるということが重要なのである。

　図2-5は彼の最近の投稿だ。記事の中でマリオットは、自分の両親がどのようにT型フォードを運転してソルトレイクシティからワシントンD.C.まで米国を横断したか、そしてどのような経緯で後のマリオットにつながる事業を始めたのかについて語っている。

　誰もミシェル・オバマがツイッターに投稿するスケジュールを自分で決めるとは思っていない。時々は彼女自身がやるが、たいていはスタッフが代わって投稿している。

　リーダーには時間がないのだ。モバイルテクノロジーとソーシャルプラットフォームの特徴の1つはどこでも簡単に使えるということだが、それはリーダーにとっては必ずしも重要ではない。

　他の誰かがリーダーのフートスイートのアカウントにアクセスするパスワードを管理して、代わりに投稿することが、必ずしもリーダーの情報共有の質と結果を下げるものではない。

図 2-5　ビル・マリオットのブログ記事

すべては T 型フォードから始まった（2015 年 1 月 11 日）

すべては T 型フォードと、恋に落ちた一組のカップルから始まった。二人は結婚したその日、ユタ州ソルトレイクシティを出発した。車を東へと走らせ、11 日間かけてワシントン D.C. までやってきた。

多くの丘を乗り越えて走ってきたため、古びた T 型フォードは何度もオーバーヒートを繰り返した。運転席はとても狭く、どうやって両親が前の席に快適に座っていたのかわからない。きっと快適ではなかったのだろう。

当時のエアコンがどんなものだったかおわかりだろうか。当時のエアコンは、窓を半分開けて一陣の風が吹き込むのを祈るというものだったのだ。

6. 意識的に行動し調整をためらうな

　何かを共有する前に、あなたが投資した時間に対するリターンをどのように測ることができるかを考えよう。
　自分はどのような行動を触発したいか、どのような成果を導きたいかを知ることが第一である。
　フィードバックやコメント、リツイートが欲しくてたまらない人もいれば、自分のアイデアがどのくらいのインパクトをもたらしているかを測りたいという人もいる。そしてこうした具体的な成果を測るのは簡単である（あなたのソーシャルメディアチームにツイートやそのシェア率を追跡調査させればすぐにわかる）。
　しかし多くのリーダーが求めている結果はもっと主観的なものだ。長い時間をかけて考え方を変え、行動を形作るということは正確には科学ではない。それはむしろ試行錯誤のようなものだ。投資額が比較的低いので、望む反応が得られなければ、変更することもできる。
　何事においてもそうだが、価値を生み出していない活動はやめるべきだ。トレードオフはいつも存在する。いろいろなアプローチを試してみて、デジタル世界でどれがあなたに合ったものなのかを探すことが必要だ。

見る人次第

　エンゲージメントに関する次の章へ進む前に1つ認識しておくべきことは、あなたがシェアしたものすべて

を、すべての人が気に入るとは限らないということだ。

　シスコのウォリアーは150万人ものツイッターのフォロワーがいて、そのほとんどから精力的で信用できる人と思われている。しかしときに、私が彼女の個人的な投稿をシェアすると、何人かの人は違った反応を示す。あまりにリアルな感じに作り込んでいるように見えて、その投稿は信用できないというのだ。

　私は彼女のことを個人的に知っていて、彼女が書くどの投稿も本物だと思っている。しかし信用というものはいつでも見る人によって変わるものなのだ。

　もちろんあなたは自分の思うまま信用できる人間にも率直な人間にもなれる。しかし、他人からはそう思われていないかもしれない。全員を満足させることはできないし、今後もそうだろう。情報共有することで、あなたは自分自身の一部をさらけ出さなければならないこともあるだろう。そしてエンゲージド・リーダーになっていく過程で他人からの評価によって折れない心も育っていくだろう。

　行動を形作り、促すための情報共有とは試行錯誤を繰り返すことだ。時間をかけ、リスクを負うだけの価値のあるトレーニングなのだ。

　戦略通りの成果を得るにはどんな情報共有の方法があるか、少し考えてみよう。あなたからの情報を得ることで利益を得るのは誰か。あなたは彼らとどんなストーリーを共有したいか。その結果、彼らにどんな行動を起こしてほしいか。イントロダクションで設定した目標を取り上げて、情報共有が目標を達成するうえでどのように役立つかを考えよう。

図2-6は、情報共有の取り組みの出発点として、これらの目標をサンプルに掲げたものである。

図 2-6　ワークシートの例：情報共有

戦略的目標	業界の最も優秀な人材を引き付け、離職を防ぐ。	新たにターゲットとした市場でシェアを伸ばす。	他にはない顧客体験を提供する。
数値目標	定着率を90%に改善。	リーチ可能な市場でのシェアを25%に伸ばす。	顧客満足度を25%高める。
情報収集	社内のデジタルプラットフォーム化を進めるアイデアを探す。	ツイッターを利用してターゲット市場に役立つアイデアを探す。	会社のフェイスブックページで不満と称賛の傾向を探す。
情報共有	社内のソーシャルツールで成績のよい社員を評価する。	ターゲット市場向けの製品・サービス紹介ビデオを投稿する。	他にはない顧客体験をもたらすストーリーを話し、組織内でそのストーリーを共有する。
エンゲージメント			

行動開始にあたっての質問事項

- □ あなたにとっての最大の目標に近づくために、どのようなストーリーを共有することができるか。

- □ 組織と密接な関係を築くために、どんなストーリーをあなたのチーム、部署、企業、顧客と共有する必要があるか。

- □ あなたのコンテンツがもたらした成果を知るにはどのような方法があるか。

- □ 共有することのできない情報は何か。立ち入ってはいけない情報は何か。

- □ 個人的な情報の共有には、どのようなツール（および他の人の助け）を使うか。

3. エンゲージメント

フォロワーとの信頼関係を築く

Engage to Transform

大手医療保険会社エトナのCEO、マーク・ベルトリーニが次々に発したツイートは、業界を混乱に陥れた。ベルトリーニはひたすらキーボードをたたき続け、旧来のCEOに課されてきた行動基準を叩き壊した。彼は憤る保険契約者に対して、ツイッターで直接働きかけたのだった。

マネージドケア型ビジネスモデル[★1]の原則に激しく疑問を感じたベルトリーニは、癌患者の保険契約に関する上限を公然と無視し、この患者の治療費を全額きっちり支払うことに同意した。

ベルトリーニをこのような行動に駆り立て、また激しい論争に火をつけたのは、アリゾナ州立大学の大学院生、アリジット・グハからのツイートである。

グハは自分の医療費に対する保障が不十分だと批判し、本当に助けが必要なときに自分を見捨てたとして同業界とベルトリーニ個人を非難した。グハはステージ4の大腸癌を患う30歳の若者だった。

手術と化学療法を終えたところで、彼の治療費の請求は医療保険がカバーできる生涯限度額の30万ドルに達し、さらにそれ以上に膨らんでいった[25]。当時のベルトリーニの年収はボーナスを含めて1000万ドル以上。エトナとベルトリーニにとってこの問題は世間に対するイメージ戦略上、最悪の事態であった。

彼自身は見て見ぬふりをして社内の法律やPR専門チームにこの件を任せてしまうこともできただろう。しかしベルトリーニはグハと直接接触することを選んだ。「このシステムは欠陥品です。改善するよう努力いたし

★1 医療保険会社と支払額の上限等を契約で定め、適用する治療法も保険会社が最終決定する。グハの例では支払い総額の上限を超過してしまった。米国ではこのような民間保険が中心で、日本のように公的保険でカバーされる範囲で無制限に支払われるわけではなく、上限を超えると個人負担となる。医療費の総額を抑える効果があるとされるが、今回のような問題点もある

ます」[26]「今日お話しできてこの問題が解決できたことをうれしく思います。厳しいご指摘をいただきましたが、意見の交換ができてよかったです」(図3-1)とツイートした[27]。

　結果的に、エトナはグハの医療費を全額支払うことに同意し、ベルトリーニのツイッター上のやり取りは、ソーシャルメディアでのエンゲージメントの好例として称賛された。

図3-1　マーク・ベルトリーニの直接的なエンゲージメント

@Poop_Strong
私はもう治療費に充てるお金は要らなくなりましたので（@mtbert 様、本当にありがとうございました！）寄付でいただいたお金は全額、慈善活動に使わせていただきます。

@Mark T. Bertolini
@Poop_Strong 様、今日お話しできてこの問題が解決できたことをうれしく思います。厳しいご指摘をいただきましたが、意見の交換ができてよかったです。責任を持って対応いたしました！

医療制度改革の熱心な支持者であるベルトリーニは、論争に飛び込み、対話することを苦にしないエンゲージド・リーダーである [28]。

患者や保険契約者とデジタルチャネルを通じて直接関わったのは今回が初めてではない。医療保険業界は大胆な全面的見直しが必要だと主張したのも一度だけではない。しかし、今回のエンゲージメントは３つの理由で他とは一線を画していた。

第一に、グハはアリゾナ州立大学が提供するエトナの保険に入っていたのだが、このことがそれぞれの関係とビジネスの力学という観点から事態をとりわけ複雑なものにしていた。[★1]

次に、ツイッターでの彼自身による訴えによって、グハのドラマチックなストーリーは世間の注目をかなり集めた。そのため、これは同社の経営方針の問題であると同時に、広報の問題となった。

さらに、今回のベルトリーニの対応は、将来患者がソーシャルチャネルを通じて要求をしてきたとき、対応して要求をのむという前例を作ってしまう可能性があった。

結論としては、相手と関わることでリスクを負ったにもかかわらず、それに見合うだけの利益を得ることができた。ベルトリーニは、エンゲージド・リーダーとして、そして医療システム改善のために革新的方法を模索している人物としての地位を確立したからだ。

彼のエンゲージメントのスタイルは大胆ではあるが適当にやっているわけではなく、彼が設定した目的と優先順位に明確に直結している。だからこそ、フォロワーと

★1 大学の薦める保険プランに加入したということ。大学はエトナの顧客であり、保険の内容がよくなければ、他の保険会社が選ばれる可能性がある

の関係も疎遠になったり、悪化せずに、よりよい方向に向かったのだ。

なぜエンゲージメントは
リーダーと組織を変革するのか

　このようなベルトリーニの話をすると、リーダーたちの多くが口をそろえてこう言うだろう。「一人の顧客とあのような約束をすれば、同じような顧客がどっと押し寄せる。全員のためにあれができるのか。前例を作ってしまうなんて彼はどうかしてる。とても続かないよ」

　しかしベルトリーニや彼のようなリーダーは、過去の経験から、真のデジタルなエンゲージメントがもたらす計り知れないメリットに薄々気が付いているのである。リーダーが目的を持ってエンゲージすれば変革を起こすことができるのだ。

　実際エンゲージメントは本書で述べている3つのステップの中で最も強力なものだ。なぜならアイデアや実践においてエンゲージメントは従来のリーダーシップと根本的に異なるものだからである。

　最初の2ステップ（情報収集、情報共有）は、エンゲージメントをリーダーの変革ツールとするための支持基盤である（図3-2、106頁）。

　エンゲージメントによって変革を起こす手順について詳しく見ていく前に、情報収集と情報共有が一体となってどのようにエンゲージメントが強化されるのかを簡単に見ておこう。

より広く意見を聴くことによって、リーダーは問題の状況を明確にでき、必要な情報と不要な情報とを分けることができる。このようにして、どの人、あるいはどの問題に関わるべきかについて正確な現状把握が可能になるのである。

例えばレッドロビンの新商品は、CEOスティーブン・カーリーと同社のリーダーたちが、レストランの給仕係からの聞き取り調査に意識を向けていたことで危機を乗り越えた。

聞き取り調査を継続的にやるようになると、同社幹部は現場の従業員たちとの関係を深めることにますます熱心に取り組む必要が出てきた。彼らは協力して調理方法を見直し、ピッグアウトバーガーをその大胆なネーミングにふさわしいものに作り替えることに成功したのだ。

同様に、情報を共有することで顧客やステークホルダーはリーダーと共通の認識を持つことができ、足並みをそろえて進んでいくうえで必要な指示・命令を得られる。

図3-2　エンゲージメント──フォロワーとの信頼関係を築く

情報収集	情報共有	エンゲージメント
より広く意見を聴く	ストーリーを伝えて共感を生む	フォロワーとの信頼関係を築く

すでに取り上げた通り、UPS のローズマリー・ターナーは、日々、社内全体にメッセージを発信しており、何千人もの社員とアイデアやアドバイスの交換を行っている。社員はターナーの「声」を常に聴くことができ、そのためターナーが現場の社員と接点を持とうと働きかけてきたときに、抱えているどんな問題も協力して解決しようとする準備が万全に整っているのである。

情報の収集と共有はいずれもリーダーとフォロワーとの間の親善を深め、共通の目的の下に団結させる。そして両者の関係を強化し、エンゲージメントが実を結ぶための地盤作りをしてくれる。

情報の収集と共有に加えて、エンゲージメントもまた、リーダーの権力、影響力を強固にするため、関係の構築に役立つ。

しかし、エンゲージメントは、ソーシャル・キャピタル[★1]を蓄積できるという点で他の 2 つより強力なものだ。

従来のリーダーが築いてきたようなソーシャル・キャピタルとは違い、リーダーがみずから行動を起こし、人々が近づきやすい状況を作ることによって生まれるものだ。

フォロワーとやり取りする効果的な手段を持てば、リーダーはフォロワーとかつてないほど関係を改善し、変革することができる。しかしそのやり方は非常に注意深く、意識的なものでなければならない。

ベルトリーニが重い病の患者に関心を抱き、みずからが直接対応すると決めたことは、エトナの危機対応をそれまでとはまったく違うレベルへ一気に押し上げた。ベルトリーニの直接の関与は、熟慮したうえでの意識的な

★1　人々が持つ信頼関係や人間関係、つまり社会的ネットワークのこと。上下関係の垂直的人間関係でなく、水平的な人間関係

行動だったのである。そしてそのエンゲージメントは実を結んだ。

　ベルトリーニとグハとの交流がエトナの保険契約者、医療機関や医療保険会社、エトナの社員らのベルトリーニへの評価を劇的に高めたことは言うまでもない。今やますます多くの人が彼を見てこう思うだろう。「彼こそ話のわかるリーダーだ」

エンゲージメントに対する考え方の変化

　エンゲージメントは、エンゲージド・リーダーになる過程において最大の変化が起きる過程である。

　デジタル的手段であれ何であれ、リーダーは部下や顧客、販売業者たちの声を聴かなければならない。その点については今日、選択の余地はない。

　デジタルチャネルでの情報共有は他の手段に比べて自由意思に任されているにもかかわらず、普及はますます進んでいる。

　しかしそれでも多くのリーダーにとって、デジタル時代のエンゲージメントは過大な負担である。それは自分自身の考え方、行動の仕方を修正し、フォロワーとの関係を変えなければならないものだ。

　デジタルなエンゲージメントは完全なパラダイムシフトであり、それは相互に関連する３つの点——格差、方向、頻度——から検証することができる。

格差

　格差——より正確に言うと権力格差——は、デジタル時代においてリーダーとその周囲の人間との関わり方がどのように変わったかを考察するうえで最も一般的な視点である。

　権力格差とは、オランダの社会心理学者ヘールト・ホフステードが用いた言葉だ。特定の文化において人と人との力関係がどのように見られているかを説明するために使われている [29]。

　ホフステードによれば、権力格差が大きい文化に暮らす人は、権力のある人間に対して敬意を示し、一般的に権力の分布の不平等さを受け入れる傾向がある。一方、権力格差の小さい文化に暮らす人は、権威を疑問視する傾向が強く、文化に影響を与える意思決定に自分も参加することを求める。

　権力格差を意識的になくすことは、戦略的な取り組みに周囲の人間の支援や参加を得るための重要なステップである。また、それはリーダーがぶらりと職場を歩き回ったり、人に会ったりする大きな理由でもある。

　デジタル時代におけるエンゲージメントはリーダーと部下の権力格差を小さくする。それは情報や通信の根本的な透明性の高さ、ソーシャルメディア、大規模なコネクティビティによるものである。

　アクセシビリティがよいということはより開放的で透明性が高いということである。これは一部のリーダーにとっては不安感を増すものであるが、その他のリーダー

にとっては気分を一新させてくれる新鮮な機会でもある。正式なヒエラルキーの枠の外へ踏み出して、本物の関係を築くことができるからだ。

　権力格差がなくなることは、誰が誰とエンゲージするか、それはどんな理由か、どのくらい頻繁に接触するかということに劇的な影響を与えるのだ。

方向

　権力格差がなくなったならば、次に検証すべき視点は、方向である。伝統的なビジネスの行動基準は、軍隊から生まれた上意下達である。そこでは時と場所、業務の性質はリーダーによって決められた。リーダーと地位が同等で親しいか、上司でもない限り、意見を言う者はめったにいない。

　しかし今日では、すべての階層の社員がデジタルなエンゲージメントを始める。プラン、目標、決定事項、権限についてリーダーに尋ねるといったことが、組織、あるいは産業全体にわたって行われる。

　デジタルツールやソーシャルツールの出現とともにヒエラルキーと指揮命令系統は消滅し、行動基準は日を追うごとに（職場を混乱させるとの反論もあろうが）カジュアルな形になっていく。

頻度

　デジタルなエンゲージメントがもたらす変化を検証す

るための3つ目の視点は、頻度である。

　リーダーはエンゲージする頻度を決めることはできるが、ありとあらゆるところから絶え間なく発信されてくるリクエストの流れをせき止めることはできない。内外の人が24時間365日、接触を求めてくることを覚悟しなければならない。それを可能にする手段をこちらが持ってしまっているのだから。

　接触の頻度の増大は、さまざまな点でリーダーにとっては試練である。最も顕著なのは、応答への過大な期待に応えられないということである。リーダーは、返信に割かれる時間と神経の負担を想像するだけで、デジタルな接触を考えることすらやめてしまう。

　権力格差の減少、コミュニケーションの方向の変化、コミュニケーション頻度の増加により、リーダーはもはや隔離された存在ではなくなる。つまり、彼らはかつてのような「保護対象種」ではないのだ。

　しかも、こうした新しい現象と引き換えに、途方もない利益と機会がやって来るのである。エンゲージド・リーダーが一対一、あるいは一対大勢とのエンゲージメントを通して組織全体を変革できることは、1つのチャンスなのだ。

　リーダーの仕事は組織の方針を常に補強することであるが、エンゲージメントによって企業の変革を舵取りする新たな方法を開拓できるのである。

デジタル・エンゲージメント戦略
——技法と科学の重なるところ

　多くのリーダーは先に述べたような変化や困難を嫌い、デジタルな手法での直接的なエンゲージメントを敬遠する。こうした問題に対処するために、リーダーがデジタル・エンゲージメント戦略を掲げ、みずからの行動変容を一層の透明性をもって周知する必要がある。

　図3-3で説明しているように、この戦略は行動計画を4つの要素に分割しており、技術と科学の両面を取り入れている。

　技法面では、リーダーがそれぞれの目標やリーダーシップのスタイルに合うやり方でフォロワーにエンゲージすることに焦点を当てる。科学面では、デジタルなリーダーの仕事をより予測可能にし、管理しやすくすることを狙っている。

　練習と根気と計画によって、エンゲージメントに内向

図3-3　デジタル・エンゲージメント戦略

技法：定性的な尺度
1. 適切なエンゲージメントの仕方を選ぶ。
2. フォロワーシップを育てる。

科学：定量的な尺度
3. エンゲージメントの最終結果を明確にする。
4. 適切に制御する。

的で、近い同僚だけの心地よい環境にこもっていたリーダーも、より外向的にみずから行動を起こし、フォロワーとの交流を持つことができるようになる。

技法——関係を育てる

エンゲージメント戦略の技法的側面では、フォロワーとどういう関係を築きたいか、エンゲージメントの定性的な成果をいかに測定するかに焦点を当てる。これは、定性的な成果は相手との具体的なやり取りに関連しているからである。

まずはリーダーがどのようなエンゲージメントを選び、次に、そのエンゲージメントによってどのような影響をフォロワーに与えようとしているかを考察する。

適切なエンゲージメントの仕方を選ぶ

実際のところ、リーダーが人とエンゲージしたいと思う（あるいはすることができる）以上に、人はもっと頻繁にリーダーとエンゲージしたいと思っている。それこそがエンゲージメント戦略においてリーダーが不安を感じるポイントなのである。

フォロワーが望む答えを自分は持っていないかもしれないと思い込んでいるため、エンゲージするのが怖いのである。さらには、限られた時間と限られたデータ送信容量でやりくりしていけるだろうかという懸念もあるのだ。

だがこれこそが、デジタル時代のエンゲージメントの魅力である。情報共有と同様、エンゲージメントもまた、大規模な数の人々を相手に（一人のリーダーが多くのフォロワーに対して）行うものである。それでもフォロワーはリーダーにアクセスできるという感覚を得ることができるのだ。これこそエンパワーメント[★1]である。

かつては CEO がコールセンターに現れて「私も応対しましょう。お隣に座らせてもらいますよ」などと言おうものなら大変な騒ぎだった。従業員はそわそわしてしまったことだろうが、それでも、自分は特別だと感じることができた。

今日のリーダーは、こうしたことを望んだときにいつでも、自分のデスクに座ったまま（そのエンゲージメントが変化を起こせると確信できるなら）、行動に移すことができるのだ。

戦略的な観点から、エンゲージメントのタイプやレベルをいくつか理解しておくことは、どのエンゲージメントが自分たちの狙いに合うかを判断するうえで役立つ。自分にとってどれが適切かを判断するための技法は確かにあるが、まずは自分で学ばなければ始まらない。

エンゲージの方法はいくらでもあるが、ここではエンゲージメントの多様な可能性を示す3つのアプローチを挙げ、それぞれどのように始めればよいかについてもアドバイスする。

▶ ① イベント型エンゲージメント

イベント型エンゲージメントとは、リーダーが時と場

★1　人に活力を与えること

所を決めて公開討論会型セッションを設け、対応するというものだ。大部分のリーダーがやりやすいと感じる打ち解けた雰囲気で、それをソーシャルとデジタルという新しい方式で行うことである。

このエンゲージメントの方法は、リーダーをはじめ専門家や有名人などが一般の参加者の投稿に答えるネットの「AMA」[★2]セッションに近いかもしれない。あるいは、さまざまな場所にいる社員がパソコンの画面を見てネットで質問を投稿するということは、企業版タウンホールミーティング（対話集会）と言えるかもしれない。

イベント型エンゲージメントは大規模に行うことで大きなインパクトを生み出すことができる。例えば米国の大手保険会社、ヒューマナのCEO兼社長ブルース・ブロサードは社内プラットフォームで社員を正規の投稿者として参加させた。

元々このプラットフォームはアイデアをテストするフォーカスグループ[★3]として利用するために始めたものだったが、今では毎月の幹部の定例会議を主催するために使用している。また、同社の6000人のリーダーが質問し、ネットワークを作る、より規模の大きい四半期ごとの会議も主催している。

これらのセッションの内容は会議後2、3日以内に公開され、5万5000人の同社従業員は進行中の話し合いに参加できる。

こうしたフォーラムはヒューマナの一般社員にも広く歓迎され、社員が作り出すエンゲージメントという意味では、極めて成功している。

★2　Ask Me Anything. 何でも聞いてね
★3　マーケティングリサーチの手法。数人のユーザーグループに商品、サービスについて自由に討論してもらい情報収集を行う

同社の場合、成功の主な要因は、構造化された方法で上級リーダーへの開かれたアクセスを提供したことであった。リーダーは部下が投げかけた、どんな問題でも話し合う用意がある。

　イベント型エンゲージメントは規模が巨大になっても比較的コントロールが効く。時間は制限され、内容はテーマによって管理されることが多く、環境も整えられているからである。

　マルチメディアでこのイベントを行うとなると複雑さが増す可能性はある。それでも、生の聴衆とのエンゲージメントに慣れているリーダーにとってはやさしいスターティングポイントになるのではないか。

▶ ② 参加型エンゲージメント

　参加型エンゲージメントは特定の質問に答えたり、投稿にコメントしたり、順位をつけたりすることをフォロワーに促すやり方である。こうした環境下でエンゲージすることはフォロワーにとっては気が楽である。すべての人の意見が同等に重要という点で、条件が一緒だからである。

　このエンゲージメントはフィードバック調査に近い。しかし、リーダーが自分のアカウントから質問をしているという単純な事実は、リーダーはただ参加しているだけではなく、個人としてフォロワー一人ひとりの反応に興味があることを意味している。幹部が興味を持ち、耳を傾け、行動を起こす用意があるときに、意見を伝えようと思わないフォロワーがいようか。

　第1章で、オーストラリア最大の電気通信会社、テル

ストラのCEOデビッド・ソーディーが、社内ソーシャルネットワークでいかに積極的に社内の出来事に耳を傾けているかを紹介した。ソーディーは、エンゲージド・リーダーとして自分はまだ修行中だと言うだろうが、彼はすでに達人の域にある。彼が参加型のエンゲージメントをどのように行っているか、一例を紹介しよう。

ソーディーは、従業員の考えていることに関心があると示し、全員が一致協力して働くことを徹底するために社員たちの声に耳を傾ける。あるとき社内全体にこう尋ねた。「あなたがこの会社で要らないと思う作業やテクノロジーは何ですか」この質問に対して860以上の返答が寄せられ、ソーディーは同社で機能不全に陥っているものが何かを詳細に知ることができたのである（図3-4）。

図3-4　テルストラのエンゲージメント

David Thodey
To

Top10 Time Wasting and Unnecessary Approvals or Processes

Team, please post or add your top time wasting and unnecessary approval or process and we will either fix it or explain why it exists...look forward to your thoughts...we must reduce unproductive work....David

時間の無駄となる、または不必要な承認・作業のトップ10

チームのみんなへ。時間の浪費または不必要であると思う承認プロセスや作業のトップ10を投稿、あるいは付け加えてください。投稿された事項については改善するか、なぜそれが必要なのかを説明します。ご意見をお待ちしています。非生産的な仕事は減らさなければなりません。デビッド

ただ話を聴いているだけではないという証拠に、ソーディーは得られた提案の多くを実行に移した。

参加型のエンゲージメントで成功するための主因は、やり切ることである。データとフィードバックを集めたならば、それをどうするか。ソーディーは社員から得た数百件もの反応を片っ端から見直して分析するようチームに命じた。結果、さまざまな作業が目に見えて変わった。

きちんと向き合って対応し、フィードバックを反映させることによって、ソーディーは、社員の参加が大きな変化をもたらすことを証明したのである。社員たちは利口である。単なる見せかけの人気取りに時間を割いたりはしない。参加型のエンゲージメントを使うのは重要な意思決定に社員を参加させるときにしよう。

▶ ③ 一対一のエンゲージメント

イベント型、参加型の対極に位置するのが、一対一のエンゲージメントである。これは、社内ソーシャルネットワークや一般のソーシャルメディアのアカウント、またはEメールを使って一対一でやり取りすることである。

先に言及したように、マーク・ベルトリーニとアリジット・グハとの接触は直接的に一対一で行われたものだったが、後に公然のやり取りとなった。しかし、一対一のエンゲージメントは、いざこざを修復したり、誰かに何かをしてもらったことのお礼を言ったりと、リーダーが特定の関係を強化するには極めて優れた機会である。

テルストラのソーディーは、個々の社員と接触するには社内ソーシャルネットワークを使い、社外の人とエン

ゲージするにはツイッターやリンクトインを使っている。

図 3-5 は、同社のサービスに強い不満を抱く顧客に対してソーディーがツイッターで行ったエンゲージメントの例である [30]。

大学で人類学を学んだバックグラウンドを持ち、人と関わることが好きなソーディーの手にかかるとこうしたことは簡単に見えてしまう。

しかし実際には、外部の人との一対一のエンゲージメントは、ソーディーが最大の神経を使い、事前計画も綿密に立てて行っていることである。彼がまず懸念するのは、首尾一貫して顧客とエンゲージする能力が自分にあるかということだ。

図 3-5　デビッド・ソーディーの一対一のエンゲージメント

@Telstra 様、@davidthodey 様　御社のサイトにウェブチャットを試みたのですがロードされません。請求書が間違っているし、サービスを受けることができません。ヘルプ願います。

当方、問題を確認できておりません。何か問題があるのか調査するようチームに命じます。

達成不可能な目標は課したくない。彼の見つけた解決策は、バックアップしてもらうことである。つまり、通信チームにツイッターを精査してもらい、彼の注意を要する問題があったら知らせてもらうのだ。その後はいつ、どのようにエンゲージするか、反応するかは彼次第である。それはソーディー自身が決定している。

最初ソーディーは、エンゲージメントに費やされる時間は他のことが何もできないほど膨大なものになるのではないかと心配していた。しかし、どうやりくりして仕事をこなしているのですかと私が聞いたとき、彼の印象的な反応がすべてを語っていた。

彼は肩をすぼめ、こう言った。「顧客の問題に首を突っ込むのは、それが私にとってとても大切なことだからです」。そしてこう説明した。「誰かがわざわざ私本人に連絡を取ってくるのは、たいていは他のあらゆる手段を尽くしてなお、解決策が見つからなかった場合です」

こうした顧客との接触が戦略的目標と結びついている場合、ソーディーは隙間時間を見つけてツイッターを素早くチェックしたり、ヤマーにさっと目を通したりする。彼はこう考えている。「皆、こうした作業にかかる時間を過大に見積もりすぎているのではないだろうか。あちこちからほんの数分ずつを捻出すればいいだけなのに」

ソーディーは別として、多くのリーダーは一対一のエンゲージメントは難しいと思っている。個人的で、時間がかかるであろうと思われ、人間的な触れ合いが求められるアプローチであることがその理由だ。

私はすべてのリーダーにこれをしろと提案するつもり

はない。特に心の準備ができていないときはお勧めしない。私が言いたいのは、リーダーは一対一のエンゲージメントをするかしないか、するとすればどのようにするかを決めるにあたって、何もしないでそのままにしておくよりは、意識的に考えたほうがよいということだ。

私はIBMのジニー・ロメッティのような人を尊敬する。彼女は自分の戦略的目標には関係ないという理由で、ツイッターなどのプラットフォームの利用をあえて絶つ決断をしたからだ。

すでに見てきたように、エンゲージメントには先を見越して行動するやり方もあれば、事が起こってからそれに反応するやり方もある。非常に心理的な努力を必要とするやり方もあれば、その性質上、自動的に進むやり方もある。

デジタル時代のリーダーにとって、技法を要する仕事の1つは、どのエンゲージメントを用いるべきか、そしてそれをいつすべきかという決断である。そしてもっぱらこの決断を左右するのは、相互のやり取りの結果、あなたがどのような行動をフォロワーから引き出したいか、どのような感情を持ってもらいたいかという点なのである。

フォロワーシップを育てる

技法的側面から見たエンゲージメント戦略は、1つにはどのような関係をフォロワーとの間に構築したかに焦点を絞っている。すなわち、「フォロワーシップ」と呼ばれる働きである[31]。

本書の目的に沿い、ここではデジタルなエンゲージメントが、いかにしてフォロワーを励まし、独自の考えや行動を主張するよう促し、その一方で戦略的目標の追求に対してはいかに団結するかという点に焦点を当てる。

　フォロワーがどのように考え、感じているかに注目すると、リーダーに対する信頼は高まり、彼が発するメッセージへの信頼性も高まるなど、プラスの定性的な成果が生まれる。これはしばしばエンゲージメントのより「ソフト」な面として理解されている。

　しかしここで間違えてはいけない。フォロワーシップ育成に熟達するには、求める成果に対してピンポイントに焦点を合わせることが要求される。

　あるケースでは親しみや近づきやすさが伝わるよう、計画を立てるかもしれない。またあるときは自信を植え付けたいと思うかもしれないし、さらには権威や支配の感覚を植え込むときもあるだろう。

　それぞれのやり取りに応じたエンゲージメントを考えよう。どんな関係を築きたいかを念頭に置いておけば、フォロワーを啓発できるようなエンゲージメントを選び、計画することができるだろう。

　デビッド・ソーディーが以下のような鋭い洞察を述べている。これは私も同感である。「組織とは、一人ではできない大きなことをやり遂げたくて集まっている人々のコミュニティに過ぎない」

　代表的なコミュニティマネジメントの技法を取り入れて、ソーディーはそれぞれのエンゲージメントごとに特

定の感情や成果を生み出している。例えば図3-6は、社内ソーシャルネットワークで一人の従業員が明らかにした問題に対するソーディーの反応である。

図3-6　ソーディーのフォロワーシップを育てるテクニック

社員各位

私がクリスマスに欲しいのは、とにかくこのピットストリート320番地のどうしようもないエレベーターを修理してくれる人だ。サンタが新しい素敵なエレベーターを届けてくれたら何て素晴らしいことだろう。クリスマス休暇から戻ってきたとき、中に閉じ込められたり、10分間も待たされることもなく、あるいは、進行方向が勝手に変わる心配をする必要もなく、降りたい階でちゃんと止まってくれるエレベーターがあれば最高なのに……叶いそうもない夢だけどね。
皆さん、よいクリスマスを！

私としては、皆をピットストリートからもっといいオフィスへ引越させてあげたいと思っています。○○さんと△△さんにどうにかならないか聞いてみます。デビッド

ソーディーの短いやり取りは綿密に構成されている。まずは、この従業員の置かれている状況に同情している。次に、解決を手助けできそうな人を引き込む。ソーディーが求めている結果は、この従業員が話を聴いてもらえた、大切に扱われたと感じることである。従業員の問題は丁寧に対処され、デジタルなエンゲージメントは乗数効果をもたらす。恐らくこの対話はすべての社員に（ツイッターやリンクトインなど外部プラットフォームの場合はもっと多くの人々に）見られており、閲覧者は当事者と同じ効果を経験する。

組織全体とそれを超えた範囲の人々が、ソーディーやその部下のリーダーたちのエンゲージメントを目にするのである。そしてこれが人と人との関係をよい方向へと転換していく出発点となる。

リーダーはいかに一つひとつのエンゲージメントが積み重なり、目標の達成につながるかをよく考える必要がある。熟慮すべき重要な要素の1つは、そのエンゲージメントの中で使われる言葉である。

ザ・コミュニティ・ラウンドテーブル[★1]のレイチェル・ハッペは、最近の投稿の中で鋭い洞察を披露している。「多くのビジネスコミュニケーションでは、物事をただ客観的に述べること、不備のないよう入念に練り上げられた考えを構築することに重きが置かれる。しかし、エンゲージメントの敵となるのはこの完璧さである。考えが完璧であればあるほど、他人の意見やデータは必要なくなる。不備のない完璧なコミュニケーションは事務処理であり、対話ではない」[32]

★1 ソーシャルテクノロジーを採り入れたよりよいコミュニティマネジメントを支援するサイト

つまり、エンゲージメントは双方向の働きかけでなければならないということである。完璧でない対話だからこそ、その中に変化が起こり、展開があるのである。

また、エンゲージメントは時間のかかるものだということも知っておいてほしい。そしてたいてい最初は、ぎこちない10代の若者のデートみたいになるのだということも。この新しい関係がどんなものであるのかは誰にもわからないし、ルールもはっきりしない。

例えば、ある経理部のインターンがエレベーターの中でCEOと二人きりで乗り合わせてしまったとき、インターンは何かおかしなことを言ってしまったらどうしようと思うだろう。しかしCEOにとっては恐らくもっと最悪だろう。23歳の従業員から最近の会社の失策についてコメントされたら面目が立たない。

誰もが気まずい状況である。慣れるにはしばらく時間がかかるだろう。この状況を打開するには開放的であること、正直であること、そしてときには傷つきやすさも必要だ。

これはソーディーがテルストラの社内ソーシャルネットワークという比較的安全な環境の中で試行錯誤をしながら学んできたことである。図3-7（126頁）はソーディーが最近リンクトインに載せた投稿記事に対するコメントと、それに対するソーディーの反応である。

そこに表れている自信と決意に裏打ちされた謙虚さは、時間と経験を要して培われたものである [34]。

図 3-7　批判に対するソーディーの関わり方と返答

It is fair to say that Telstra do none of the three things you ask well, and I must question your choices of employees chosen to address this task.

Like(1) · Reply(1) · 2 months ago

David Thodey
CEO & Executive Director, Telstra

Barry, the Telstra engineering community are very capable and are well respected throughout the world...a great credit to Australia! I understand your cynicism towards my article...however, while I know we aren't perfect it won't stop us trying or talking about it as this is part of the journey. If I can help with your specific problems in any way, please let me know and we will get someone to follow up...at least we are willing to try! David

Like · 2 months ago

テルストラの社員はあなたがいつも言っている3つのことを何ひとつやっていないと言っていいだろう。この仕事に対するあなたの人選を疑う。

バリー、テルストラのエンジニアリング部門は非常に優秀で世界中でよい評価を得ています。オーストラリアの誇りです！　私の記事に対する皮肉は理解します。でも、自分たちが完璧ではないからといって、これに挑戦することも、これについて語ることをやめるわけにもいきません。これも私たちの歩みの一部だからです。あなたの具体的な問題について何かできることがあればお知らせください。フォローします。少なくとも喜んでやってみますよ！　デビッド

フォロワーシップを促す言葉

　フォロワーとの交流に使う言葉は、リーダーの目標や意図による。ときにリーダーの言葉は権威ある響きを持たなければならない。特に明白な方針や意見を述べるときはそうである。

　またあるときには、腰が低く、完璧すぎず、人間味ある雰囲気を与えつつ、一方で受け身的、あるいは必死の懇願と受け取られないような言葉を使うなど、難しいバランスの調整が求められる。

　ザ・コミュニティ・ラウンドテーブルのレイチェル・ハッペは、コミュニティマネジメントで行われているベストプラクティスから、リーダーがフォロワーシップの育成にも利用できるものを次のように挙げている [33]。

- 絶対的な表現には注意。「常に」「決して」「ノー」「イエス」など。
- 意見を述べるときは次のような言葉を使う。「私の経験では」「私がわかったことは」「私が思うには」「私の見解では」。これらの言葉は、相手に話を切り出しやすくさせ、経験や見解を話しやすくさせる。
- 「でも」「〜すべき」は多用しないこと。「でも」は対話を停止させ、話を違う方向に持って行き、他人のコメントを暗に不完全、見当違いなものと判断している。「〜すべき」は、あなたが相手にこうしたほうがよいと思うことを伝える際によく使われるが、それは支配の力学であり、関係の構築ではない。
- 「あなたたち」や「私たち」も同様の理由から注意して使う。これらの言葉も微妙に人のアイデアや他者に対する支配を匂わせてしまう場合がある。
- 好奇心を持ってたくさんの質問をする。解決済みの問題と思われる場合でもそうしたほうがよい。しばしば表面化されていない何かがまだ隠されていることもあるし、このように詳細を探ることで、理解が深まったり、ときには違う答えに行きつくこともある。

科学――目標とコントロール

　これまでに考察してきたエンゲージメントのルールの多くがそうだったように、エンゲージメントの科学的側面も、デジタル変革をより予測しやすく管理しやすくするという意図で考えられている。そのためにはリーダーが重視すべきことは2つ。目標とコントロールである。

エンゲージメントの目標を明確にする

　本書全体を通じて述べているように、エンゲージメントの目標を明確にし、その目標を戦略の基本に据えることは、戦略プランを立てるうえで重要なことである。

　デジタルなエンゲージメントが最初から長期的目標と結びついていたほうが、リーダーとしてのあなたの仕事の予定表は速く進んでいくだろう。これは長期的目標の達成だけでなく、重大な課題や問題の対処にあたって組織全体を団結させる方法でもある。

　ソーディーはソーシャルメディアをエンゲージメントに使っているが、2つの具体的な目標を念頭に置いて非常に意識的に行っている。

　1つは社内で起きていることをよく理解すること。ソーディーによれば、「リーダーの仕事の中で最も難しいことの1つは、不純物を含まない真実を知り、社内全体で起きている現実を理解することだ」という[35]。

　それはただ社員や顧客の言っていることや行われていることを聴いているだけではない。ソーディーは、エン

ゲージメントを活用してより深く掘り下げているのだ。

　ソーディーは常に現場に身を置いて社内の情報を取り入れている。その姿を見て社員は、彼が本当に自分たちの仕事に興味を持っているのだと考える。

　さらにソーディーはテルストラ社内で起きていることはすべて把握している。だからこそ日々、組織を正しく機能させていく重要な地位に彼は就いているのである。

　同じ考えから、最近ソーディーは「テルストラの理想のリーダー」像を決定するにあたって、経営コンサルタントではなく、ヤマーによる社員の声を参考にした。後に、「思いやりがある」「情熱的」「仕事熱心」など700件以上の意見が寄せられ、全社的な開発プランの重点事項となっている。

　ソーシャルメディアを利用する際にソーディーが念頭に置いている2つ目の目標は、より戦略的であるということだ。4万人以上いる全従業員がもっと顧客体験[★1]に積極的に関わり、結びつきを持ってほしいとソーディーは望んでいる。

　この目標をどのように達成するか。それは社内全体の文化を変えることだ。「私の目標は開放的で透明な文化を創造することだ」とソーディーは語る。「透明性があるということは説明責任があるということだ。そして個人が意思を表明して変化を生み出す活動に参加するということだ」

　彼は続けて言った。「設立したばかりの会社ならそういう文化が備わっているが、大企業になると現状のまま何もしないでいることが普通になり、説明責任がなくなってくる。声を上げることへの恐れは大きな問題だ」[36]

★1　商品やサービスの購入時や利用時に顧客が体験する、「心地よさ」「驚き」「感動」「誇らしさ」などの感覚的、感情的な付加価値のこと

ソーディーの決意は2014年の9月に試験的に実行された。顧客サービスで目標を達成できなかったため、今年のボーナスは全額支払うことはできない、と社員に発表したのだ。

顧客サービスの目標を基準にボーナスが一部カットされることに社員たちは憤慨した。上級のリーダーを含め、多くの社員のカット率は40％と高いものだった。

社内ソーシャルネットワーク上でのテルストラ社員らの論調は、通常はバランスが取れているものであったが、このときばかりは全体的に否定的で、オーストラリア人にしてはかなり不機嫌な声が多かった。

しかし、ソーディーはこの事態をごまかそうとはせず、逆に、これを好機と見て、自身の見解を持って飛び込んでいった。彼はこう社員に伝えた。「私だってやりたくありません。残念に思っています。しかし数字は数字。私たちは目標が達成できなかったのです」[37]

ソーディー地震も顧客サービスのボーナスは受け取っていなかったことを、社員は後で知った。すぐに影響は出た。社員は自分たちと同じようにCEOがボーナスをもらわないとは思っていなかったのだ。

彼らもいまだ結果には不満であったが、その決定の理論的根拠を受け入れ始め、彼らの仕事の中心である顧客サービスの重要性を理解し始めた。

野心的なエンゲージド・リーダーとして、直接的な一対一のエンゲージメントが戦略的目標の達成にいかに役立つかを考えよう。これこそが技法が活かされるべき場面だ。

リーダーはそれぞれ、どの目標が自分にとって最も大

事かを見極め、はっきり発表しなければならない。自分の目標を念頭に置いていれば、努力の優先順位をつけ、組織全体を重要な問題に集中させることができる。

適切にコントロールする

　科学的側面からエンゲージメントを実践する２つ目の方法は、コントロールを適切に加えることである。多くのリーダーはエンゲージメントに乗り気ではないが、それは、パンドラの箱を開けるに等しいのではないかと危惧しているからだ。しかし、実際のところは正反対であり、エンゲージメントはリーダーが指揮すべきものである。

　デジタルなリーダーシップの重要な要素は、自分自身に持続可能なエンゲージメントのルールを課すことだ。何について、いつ、誰とエンゲージするのかを自分で選ぶのだ。具体的な目標を持ってスタートしたら、次はその目標に関して次の３つの手順でコントロールを加えていこう。

▶ ① 期待を設定する

　エンゲージメントに適切な１つの方法があるわけではない。いろいろなやり方がある。

　リアルタイムでのエンゲージメントと、計画されたエンゲージメント。定期的なやり取りと、煩雑なやり取り。トップがみずから指令を下すものと、チーム全体の努力によるものなど、さまざまだ。重要なことは、リーダーがそのエンゲージメントを定義し、計画するということである。

一例として、テルストラのソーディーは社内向け、社外向けの複数のプラットフォームで頻繁にエンゲージメントを行っている。仕事、家族、趣味など、何についてでも話すことを好み、開放的であり、いつも誰かにエンゲージしている。
　IBMのジニー・ロメッティはソーディーとは異なるエンゲージメントのルールを持っている。多くの人が彼女の私生活についてはほとんど知らない。彼女は自分自身のことについて、まったく語らない。彼女に関することはすべてがビジネスであり、エンゲージメントは明確に焦点を絞ってやっている。
　ヒューマナのCEOであるブルース・ブロサードは二人の中間くらいである。彼はヒューマナの社内プラットフォームの活発なコントリビューターであり、最近はツイッターへの投稿も始めた。毎月同社の4万人の社員と対話集会を開催している。しかしそれは決して入場自由ではない。社員が尋ねることに対してブロザードと他の幹部たちは何でも話し合うが、1カ月に1回であり開始と終了の時刻も設定されている。
　2012年8月にオバマ大統領がレディットで[★1]AMA（何でも聞いてね）セッションのゲストとして登場することに同意し、「今どきの都会の若者的なカッコよさ」がわかる大統領という印象を強めた。
　オバマは現職大統領としては初めて、ウィキスタイルのニュースサイトの人気Q&Aコーナーに登場したことになる[38]。しかし、せっかくの「カッコよさ」も、最もよくされるある質問への回答をしくじったために半減した。

[★1] Reddit. アメリカ最大級のソーシャルニュースサイト、掲示板。日本の一部メディアでは「米国版2ちゃんねる」とも

それは、マリファナの合法化と麻薬取締り関連の法律を強化するにあたっての、政府の役割に関する質問だった。

AMA形式のセッションの性質上、何でも聞いてよいという期待を聴衆に抱かせてしまう。どんなにそうしたくても、オバマには応えられない期待であった。

ここでの教訓は、最初に明確な期待とガイドラインを設定して、それに従ってエンゲージメントを行うべきだったということだ。オバマなら、答えられないテーマもあると正直に述べることもできただろう。そしてAMA形式は避け、リーダーとしての彼の狙いに適したサイトを選ぶこともできただろう。

▶ ② 制限を設ける

エンゲージメントの科学において最も難しいのは優先順位付け（トリアージ）である。誰に何に関して、エンゲージメントするのか。トピックは次から次へと現れてすべてが同じようにレスポンスを要求する。

この状況を打開し、対処可能にする簡単な方法は、あなたのエンゲージメントのやり方、相手、状況を明記したプレーブック（戦術書）を作ることだ。

トピック、サイト、時間の枠組みも設定しよう。チームのレギュラーメンバー以外にも必ずプレーブックを理解しておいてもらおう。必要が生じたらいつでも改訂しよう。

例として、テルストラの通信およびソーシャルメディアチームのプレーブックは入念に作られている。CEOのためにエンゲージメントのタイプやレベルを網羅しており、新しいデータが入ると継続的に更新している。

エンゲージド・リーダーになるには直感と実際的な知識が絶対に必要だが、参照すべきツールがあれば、あなたやチームのメンバーが適当に行動することを避けられる。

▶ ③ 代わってもらう仕事を決める

デジタルなエンゲージメントは、リーダーが一人ですべてやる必要はない。チームに頼り、他の人に代わってもらうことも戦略的な方法だ。このことを念頭に、どの仕事を代わってほしいかを決め、プレーブックに書き加えよう。そうすることで今誰がどの問題や関係を担当しているかが一目瞭然になる。

何を全体のダッシュボードに載せるべきかを決め、あなた自身が行うエンゲージメントとチームで行うエンゲージメントのそれぞれの協力のレベルを考えよう。

あなた自身で関わるエンゲージメントとチームに代わってもらう場合との割合をどのくらいにするかを決めるのは重要なことである。

テルストラのデビッド・ソーディーの場合、投稿はすべて自分でやっている。これは当初から彼が自分でやると言ってきたことだ。

彼の論理によれば、「自分の手紙には全部自分でサインする。投稿したどのメッセージにも、私がそばにいるということを読み取ってほしいのだ」

しかし、チームの手助けを得ることもある。リンクトイン用の長いブログの下書きをしたり、投稿するトピックを決めたりするときはチームが力を貸してくれ

る。しかし、それでも送信ボタンを押すのはすべて彼本人だ。

　リーダーがやらなければならない、あるいはやったほうがよい仕事の大半はチームの助力に頼れるものである。リーダーは内容と雰囲気を指示し、テーマの選択と投稿の承認を出すのはいいかもしれない。しかし、テクニカルな面は人に任せるべきである。

　仕事を進めるたった１つの正しい方法というものはない。しかし繰り返すが、どのような関係や成果を成し遂げたいか、どのように仕事を代わってもらえれば成果を得る助けになるのか、ならないのかを自分に問うてみよう。

エンゲージメントをスタートする

　エンゲージメントによって変革を起こすことは、エンゲージド・リーダーになるための最終ステップである。

　エンゲージド・リーダーになるための手順には、情報の収集、共有（どちらもエンゲージメントの過程の一部である）、そして一対一であれ、一対大勢であれ、フォロワーとの思慮に富んだやり取りが含まれる。エンゲージメントとはこうしたものが自然に連続して１つにまとまったものである。

　その過程において人々を同じ目標の下に団結させる。そして同じくらい重要なことは、エンゲージメントは大切な関係を育てるということだ。

これこそがエンゲージメントを貴重なものたらしめている所以であり、リーダーがエンゲージしようと決めた人にとって多大な意義をもたらすものである。

　だからこそツールは賢く意識的に使われるべきなのだ。ツールがありふれたものになったとき、その価値は失われてゆくかもしれない。

　エンゲージド・リーダーになるための戦略プランの締めくくりとして、いつ、どのようにエンゲージメントを行って関係を変革するべきかを見極めよう。

　イントロダクションで決めた戦略的目標に戻り、エンゲージメントが目標達成にどのように役立つかを考えよう。

　エンゲージメントをしないという選択もあり得るということに注意しよう。もしそういう道を選ぶなら、慎重に意識的に決断をし、情報の収集と共有に力を入れることでバランスを取ろう。図3-8はエンゲージメントがどのように目標達成を支えるか、例を挙げて示したものである。

図 3-8　ワークシートの例：エンゲージメント

戦略的目標	業界の最も優秀な人材を引き付け、離職を防ぐ。	新たにターゲットとした市場でシェアを伸ばす。	他にはない顧客体験提供する。
数値目標	定着率を90％に改善。	リーチ可能な市場でのシェアを25％に伸ばす。	顧客満足度を25％高める。
情報収集	社内のデジタルプラットフォーム化を進めるアイデアを探す。	ツイッターを利用してターゲット市場に役立つアイデアを探す。	会社のフェイスブックページで不満と称賛の傾向を探す。
情報共有	社内のソーシャルツールで成績のよい社員を評価する。	ターゲット市場向けの製品・サービス紹介ビデオを投稿する。	他にはない顧客体験をもたらすストーリーを話し、組織内でそのストーリーを共有する。
エンゲージメント	社内デジタルプラットフォームでセッションを行う。	現場の社員から会社の製品・サービスを改善するための提案をしてもらい、最後まで遂行する。	問題解決のため、顧客を選択してソーシャルメディアで直接的な結びつきを作る。

行動開始にあたっての質問事項

- □ いつエンゲージするか。それはどのようにフォロワーとの関係を前進させるか。

- □ エンゲージメントによってどのように顧客、社員、提携企業、投資家との関係が深まるか。

- □ フォロワーと生きた関係を維持するにはどうしたらよいか。

- □ エンゲージメントを行うにあたって、どのように計画をコントロールし、状況に合わせて調整していくか。

4. 組織変革

Transform to Organize

何年も前になるが、GEのCEOジェフリー・イメルトとチャットで話したときのことだ。当時ソーシャルメディアを使っていなかったイメルトはこう言っていた。「そういうことはCMO（最高マーケティング責任者）の仕事だ」[39]。

　当時はそれも正しかったのかもしれない。2010年以前のデジタルメディア草創期では、CEOがツイッターをやることはめったになかったし、ソーシャルツールやモバイルツールを広範に活用している企業はごく少数だった。

　しかし、時間はかかったが、今ではソーシャルテクノロジーはイメルトの生活にすっかり根を下ろしている。2012年にはツイッターも始め、定期的に自分の考えを発信している（図4-1）[40]。

図4-1　ジェフリー・イメルトのツイート

我が社が主催した「インダストリアル・インターネット」に関するニューヨークでのイベントにて。お客様の資産である機械、施設に起こる予想外のダウンタイムのゼロ化実現についてのトークを拝見しています。

また、社内向けのブログも書いており、GE全体で広く読まれている。『On My Mind(気になること)』というタイトルの彼のブログは、総勢約30万のGE社員に広くコミュニケーション手段として2011年に始めたものだが、イメルトの所見を全社に周知するための理想的なツールとなっている。

イメルトがエンゲージド・リーダーへと変貌していく様子を見ていて印象的だったのは、自分に合ったペースで段階を追って変わっていったということだ。

例えば、2010年にボストンカレッジの卒業式での祝賀スピーチを頼まれたイメルトは、GE社員の一部のグループにEメールを出し、どんな話をすればいいかアイデアを募った。不特定多数の人にスピーチ作成を頼む際に、いろいろな方法の中からEメールを選ぶというのは、ウィキなどの他のプラットフォームに比べると古風な選択に見えたかもしれない。しかし当時の彼にとってはEメールが使いやすかったのである。そしてそれは大成功だった。GE社員から何百通ものメールの返信があり、その中から多くのアイデアがスピーチに使われた[41]。

エンゲージド・リーダーへのプロセスは人によってさまざまだ。そして本物の変革は一夜にしては起こらない。リーダーシップのスタイルは極めて多様なので、まったく同一なアプローチというものはない。CEOの変革のプロセスがうまくいかない理由はさまざまだが、多くは、より早く結果を出そうと、真偽の疑わしい話にばかり気を取られているからである。

国際的なNGOセーブ・ザ・チルドレンのCEOを務めるキャロリン・マイルズの例を挙げよう。彼女がソーシャルメディアの利用を決めたのは明確な目標があったからである。

　その目標とは、健康危機に対処するために、人々の支持を結集して事態の改善に大きく役立つ支援と救済を実施することである。2014年に問題となった西アフリカでのエボラ出血熱の発生など、子供たちを苦しめている健康危機である。

　彼女がセーブ・ザ・チルドレンのCEOになった2011年には、同組織はすでにソーシャルメディアを活用していた。上層部は、彼女個人も活用することに意味はあるのか、それが組織にとってどんなプラスになるのか話し合った。マイルズは当時を振り返ってこう言う。「私たちは、ただセーブ・ザ・チルドレンという団体のアカウントがそこにあるのではなく、ユーザーに生身の人間の存在を感じさせることが大事だという結論に至りました」[42]。

　そこで彼女はブログ『Logging Miles（歩みの記録）』を書き始め、それを『ハフィントンポスト』に投稿した。ツイッターも活用した[43]。

　彼女のコンテンツには、一般の人々に支援者になってもらえるよう、心に訴えるストーリーや写真がたくさん盛り込まれている（図4-2）[44]。

　マイルズにとって、ソーシャルチャネルの活用は即断即決の事案だった。それは彼女のニーズに完璧に沿うものだったのだ。これとは異なり、リーダーが納得し、活用に踏み切るまでに多くの時間が必要なケースもある。

図 4-2　キャロリン・マイルズのツイート

グアテマラにて理事のデブラ・ファインと。どこの国に行っても、子供たちはカメラに写った自分を見るのが大好き。

変化も一過程

　オーストラリア・ニュージーランド銀行（ANZ）のCEOマイク・スミスは、2013年にリンクトインから、「インフルエンサー[*1]」に定期的にブログを掲載してほしいとの依頼を受けた。

　この出来事は速報としてオーストラリアのビジネス系メジャー紙の一面を飾った[45]。よほどニュースネタの乏しい日だったのか。

　まあ、そうかもしれない。しかし、スミスがみずから語っているように、「これはCEOがソーシャルメディアへの登場を快諾するということがいかに目新しいことであったかを物語るもの」だった（図4-3、144頁）[46]。

★1　リンクトインのプログラム。世界を代表するリーダーたちが、日々の仕事に役立つ情報やアドバイスなどを発信

今やちょっとしたデジタルの伝道師であるスミスだが、デジタルチャネルをエンゲージメントに活用することには長年懐疑的であったと認めている。

それは彼だけではない。エンゲージド・リーダーになるためのプロセスも、物事が変化する過程であることに

図4-3 マイク・スミスのリンクトインへの投稿

いかにして私はソーシャルメディアの信奉者となったか、なぜ未来の銀行業務はデジタル化されるのか

昨年、リンクトインのインフルエンサープログラムのメンバーとなりました。これはオーストラリアのビジネス系メジャー紙の一面で速報として伝えられました。えっ、本当に一面かと？　おそらく、これはCEOがソーシャルメディアへの登場を快諾するということがいかに目新しいことであったかを物語るものでしょう。

変わりはなく、段階を追って進展するものだ。

多くのリーダーによく知られているキューブラー＝ロスモデルというものがある。これは愛する人の死など、劇的な喪失の後に人が直面する一連の感情の変化を段階で表したものであり、「悲嘆の五段階説」の名でよく知られている。この五段階説は、死以外にも広範な状況に応用され、大きな変化を受け入れる際の感情を説明するために使われている。

例えば、多くのリーダーにとって、デジタルなリーダーへと変貌することは喪失体験に近い。彼ら自身の考えだけでなく周囲からの期待も含め、リーダーシップに対する古い考え方は変わってきている。今までとは異なる新しい現実を受け入れることは苦痛を伴う作業だ。

権力構造は変わり、支配は組織内で分散された。このように現代のリーダーのあり方は変化しているが、その変化の段階を認識しておくことには２つのメリットがある。

１つは、自分の感情を理解でき、そのため受容や変革へと至るプロセスを速く進めることができること。もう１つは、組織内での階級にかかわらず、どんなリーダーでも変革の推進者になることができ、他の人がそうした未来を受け入れる手助けができるということだ。

以下では、キューブラー＝ロスモデルを４段階に要約して、私たちの目的に当てはめてみた。

第1段階：否認（怒り、却下、拒絶）

　否認の段階に陥っているリーダーは、デジタル、モバイル、ソーシャルのプラットフォームを単なる一時的ブームと見なしている。そんなものには乗らないよというわけだ。

　組織の文化によっては、否認する人がたくさんいるかもしれないし、テクノロジー嫌いだからこそ築けるソーシャル・キャピタルもあるかもしれない。加えて彼らはこう信じているかもしれない。「ほんの少しの間辛抱していれば一瞬のきらびやかなブームも去る。いったん終息してしまえば、今までと同じ方法でずっと仕事ができるんだ」

　否認の段階にある人は、デジタルについてあまり話そうとせず、「140字で何を言えっていうの？」などと軽口をたたいて片づける。そして最終的には、変われ変われと迫る頭の中の声を思わず手で払いのけたくなることが多くなるだろう。一瞬訪れる迷いに苦しめられているのだ。そして彼らはこう考える。「大丈夫。すぐに正気に戻るから！」

第2段階：取引（言い訳、逃避、自暴自棄）

　取引の段階になると、残り時間がどんどん少なくなっていることに気づき、逃げ道を探ろうとする。交友関係の広い人ならば、仲間と一緒に「最後の砦」連合軍を結成して、変革をやめさせようとロビー活動を行うかもしれない。

さらに、自分にも人にもこう問いかけるだろう。「どう話せば、何をすればあの人たちは考えを変えてくれるのだろう」「どのくらい開放的になる必要があるのか？」「最低限どのくらい変われば大丈夫だろうか？」

最上層のリーダーとなると取引のスタンスは決まってこうだ。「通信チームに代わりにやってもらえないかな」「マーケティング担当に委任してもいいかな」「これはソーシャルメディアチームの仕事じゃないのか」

第3段階：受容（同意、認識、覚醒）

受容の段階に入ると、リーダーは、どうやらデジタルは一時のブームではないようだと不意に認識し始める。自分たちの業界や会社ではデジタルの導入は成功だったと受け入れ、自分もログインしたり、アカウント登録をしたりする。

最初は単なるジェスチャーで、やっている振りをしているという程度かもしれない。しかしその後、これは使えると実感する。受容の段階になってようやく青信号が灯るのだ。リーダーはデジタルなエンゲージメントの十分なメリットを垣間見るのである。

ANZのマイク・スミスの場合、彼があることを認識したときそのプロセスは大きく前進し、受容に至った。それは、デジタル化が重要なのは、そのテクノロジーのためでもないし、最新の情報に常に接することができるからでもない。重要なのは、顧客と関わり、顧客体験を改善して、ビジネスに必要な顧客中心主義を大切にできるからである [47]。

これを知ったとき、リーダーの仕事をデジタル化することの潜在的可能性にスミスは目を開かされたのである。

第4段階：変革（確信、受容、伝道）

周囲に押されて仕方なくやってみるという段階から、デジタル化が自分を革新的にし、目標を達成させる、今までにない重要なものだと確信する段階へ移ったのならば、変革はもう目の前だ。

発展性と実現の可能性を秘めた新たな世界を目にして、あなたはますます気力がみなぎり、アイデアもさらに湧いてくることだろう。

スミスはこうした変革を成し遂げた後、リンクトインの精力的なインフルエンサーとなった。またANZは、ブルーノーツ（BlueNotes）という金融市場をテーマとした独立したコンテンツサイトを開設した。スミスはこのサイトにも頻繁に登場する寄稿者となっている。

エンゲージド・リーダーへのプロセスをスムーズに進めていくうえで鍵となるのは、自分がどの段階にいるかを見極めることだ。他のリーダーの転換をサポートしているときも、そのプロセスの中で彼らが今いる段階を尊重しよう。変化の過程をスムーズに進めるように、彼らが必要とする時間、空間、サポートを与えよう。

組織を変革する

　本書では、デジタル変革を実行するフレームワーク（情報収集、情報共有、エンゲージメント）についてこれまで述べてきた。

　このフレームワークは、あなたのデジタル変容を促進するためのものである。従って今後は、あなたの周りのリーダーたちが受容の段階へと進み、考え方を変えられるよういつでも手助けできる態勢でいなければいけない。

　社内の文化を変えようとしている上層部のリーダーであれ、部長たちをまとめている事業部のリーダーであれ、アイデアやイノベーションを集約して組織の上層部へと送る現場の最前線のリーダーであれ、変革を促進するためにできることはたくさんある。

　以上のことを組織の階級別に見ていこう。だが、それぞれの階級に向けられたアドバイスはその階級だけに当てはまるものではないことを頭に入れておいてほしい。

　これらの対処法の中から、自由に選んで、組織のデジタル変革を促すプランを立ててもらうことが理想的である。

上司をうまく使え──上層部が否定的なとき

　CEOや上層部のリーダーたちが気を利かせてわざとパーティーに遅刻してくるのは珍しいことではない。

デジタル変革に上司を取り込むには多くは必要ない。まずは大きな目標に集中しよう。ソーシャルツールやデジタルツールが上司にとってどんな利益となるのかをまず伝えよう。

テクノロジーがいかにすごくて何ができるかというような話は後回しでよい。そうでないと、上司は例えばツイッターで何ができるのかは理解しても、それが特に自分のために何をしてくれるのかは理解できない。図4-4は、デジタル変革が組織全体に与える影響を示したものだ。

図4-4 デジタル変革が仕事に与える影響

マーケティングおよび営業	顧客サービス	イノベーション	業務および業務支援
顧客の意見を引き出す	ソーシャルチャネルを通じて顧客サービスを提供する	チーム間でのより迅速で質の高い協働	ソーシャルデータを活用し、サプライチェーン全体から需要を予測する
ソーシャルメディアを使って顧客とやり取りをする	インサイト（洞察）に基づいて問題を事前に予測する	組織全体からアイデアを募って発表する	決算処理などの業務プロセスを合理化する
見込み客を作り、顧客になってもらえるよう働きかける	顧客同士のサポートが可能になる	製品を顧客と共同開発する	ソーシャルデータを活用して仕事に最適な人材を選ぶ

そして小さくスタートしよう。会社の事業の一範囲、または一領域を挙げ、それがどんなふうに改善できるのかを説明しよう。より大きく、組織全体がどう改善できるかという結論は上司自身に導いてもらうのがよい。

最後に、そこまで時間のコミットメントを要さない方法でデジタルツールを導入する方法を強調しよう。デジタルツールやソーシャルツールがもたらす優れた効果と規模の大きさによって、上司はどんな仕事をする必要がなくなるかについてもここで言っておくべきことの1つだ。

ミドルマネジャーを引き込め

自己変容するのが最も難しいのは、ミドルマネジャーたちだ。デジタルツールやソーシャルツールが自分たちの権威を危うくすると考える場合があるからである。

第一に、彼らは、直属の部下が正規の指揮系統を迂回して上層部に直接コンタクトしているのを知る。

また同様に、上層部も、組織内の状況は「本当は」どうなっているのかとソーシャルツールで探ってくる。こうしたことでミドルマネジャーは機嫌を損ね、協力の輪に加わらなくなる。

従来の概念から言うと、ミドルマネジャーとは門番、すなわち情報を上に上げ、決定を下に伝えるという役回りである。しかし、ソーシャルネットワークで組織内のコミュニケーションが向上し、権力格差が小さくなった結果、この門番の役割は不要なものになってしまっている。

第二に、ミドルマネジャーは最上層のリーダーに昇進したいという野心を持っている。しかし、デジタル化はこれに関するルールも変えつつあり、昇進への道を混乱させている。デジタル化に不満を持っているミドルは、デジタルなリーダーとなるべくスキルを磨く機会を持たない。従って、的を絞って介入しないと、彼らは「否認」、あるいは「取引」の段階に止まってしまいがちである。

　そうならないためには、ミドルという職務の意味を定義し直すことが重要である。門番ではなく、彼らがなるべきはファシリテーターだ。つまり閉鎖的な部門間の垣根を壊し、行動の障害になっているものを見極め、社内全体にわたってさまざまなレベルで情報を収集し、共有し、エンゲージする存在である。

　役割を変化させることで、協力の輪の外どころか不可欠な存在になるのだ。受容、そして変革へというプロセスを進むために本質的に必要なのは、その変革が単に組織のためだけでなく、彼らにとって何をもたらすかを示してやることである。

トップ経営層から始めよ——CxO を攻略する

　もし、あなたの組織のリーダーの何人かが変革を果たし、デジタルチャネルやソーシャルチャネルを全面的に取り入れ、活用してくれたとしても安心してはいけない！
　個人的には喜んで取り組んでも、組織内の他のリーダーに広めることに対しては積極的、意識的ではないリーダーたちを何人も見てきたからだ。

ここで、リーダーが周囲のリーダーのデジタル化を促進し、サポートするためにできることをいくつか挙げる。

▶ 目標と目的を明確にせよ

自分自身が変革を果たした後も、CEO や幹部たちにはまだ仕事が残っている。社員が自分の後に続くよう促すことだ。

どんなリーダーにもできる一番よい方法は、自分自身のデジタル変革への行動計画を公表することだ。必要に応じてカスタマイズし、誰もが同じプレーブックから変革を実行できるようにするとよい。

自分が心に描いている最終目標から始めよとは、本書全体を通じて繰り返し使われてきた言葉であるが、これは他の人を実行の輪に引き込む際にはとりわけ重要なこととなる。

これはただ目標だけでなく同時に限界をも詳細にはっきりと描くことを意味する。それによって、組織が彼らの業務にデジタルをどのように採り入れたいと考えているかを、各部署のリーダーは知ることができる。

▶ 雰囲気を作れ

上層部のリーダーは、大局的な戦略と目標に向けた組織内の雰囲気作りというものに慣れている。

デジタル化への転換も例外ではない。上層部がデジタル的な意味で社交的であれば、その感性は徐々に下にも伝わる。下のリーダーは常に上層部がどんな合図を送ってくるかを窺っているものだ。

▶ 正式なトレーニングに投資せよ

　トレーニングの時間と場所を設けるということは、どの階層においてもリーダーの精神的負担を減らすためのもう1つの重要な要素である。

　我々アルティメーター社の調査では、トレーニングは幹部にリバースメンター[★1]をつけるだけでは不十分だと結論付けている。

　結局、ミレニアル世代はどんなツールの使い方も知っているかもしれないが、上層部レベルのリーダーの仕事はほぼ何も知らないのである[48]。

　そうではなく、リーダーたちに、デジタルやソーシャルを活用することが戦略的目標の達成にどれだけ役立つかを教えよう。その後、どのように学び、情報を共有し、活用するか、戦術を練るべきである。

　リーダーのデジタル化トレーニングの一部として、図4-5で示したワークシートを活用してみてほしい。[★2]

★1　年上の幹部とペアを組み、テクノロジー、ソーシャルメディア、最新のトレンドなどについて助言を与える若い社員

★2　完全版ワークシート（英語版）は charleneli.com/the-engaged-leader からダウンロードできる

図 4-5　ワークシート:デジタルなリーダーシップの育成

ステップ① 目標
戦略的目標を3つまで挙げ、達成度をどのように測るかを決める。

ステップ② 情報収集
それぞれのゴールを達成するために誰に何を聴く必要があるか。具体的に書くこと。大勢から情報収集するために必要なツール、資源、訓練があれば、ここで挙げよう。

ステップ③ 情報共有
ゴールを達成するために何を共有し、何を共有しないか。行動を誘発するためにどんなストーリーを語るか。情報を共有して共感を形成するために必要なツール、資源、訓練があれば、ここで挙げよう。

ステップ④ エンゲージメント
いつ、誰に、どのようにエンゲージメントを行うか。どのようにエンゲージメントを展開させ、関係を深めるか。エンゲージメントによって変革を起こすために必要なツール、資源、訓練があれば、ここで挙げよう。

ステップ⑤ エンゲージド・リーダー戦略プラン作成
ここまでのステップで得た情報を1つの表にまとめよう。これはあなただけのエンゲージド・リーダー戦略プランとして役に立つだろう。

おわりに

　エンゲージド・リーダーのフレームワーク——情報収集、情報共有、エンゲージメント——は、リーダーがみずからデジタル変革を経験したり、他者のデジタル変革プロセスを支援したりする際のテンプレートとして役立つだろう。

　本書で語られたデジタルなリーダーへの変革における技法的・科学的側面は、すべての人に開かれたものである。必要なのは変化を受け入れる気持ち、実践を厭わないこと、そしてデジタル化戦略を目標や目的にしっかりと結びつけて準備に打ち込む姿勢である。

　これまで見てきたように、リーダーがデジタルを活用することによって多大なメリットがもたらされるわけだが、その少なからぬ部分が社員、顧客、その他重要なステークホルダーと直接的なつながりが持てるということだろう。

　デジタル化のプロセスにおいても、常にユーザー、すなわちフォロワーのことを考えよう。デジタルを活用してエンゲージド・リーダーに近づいていくということは、あなたとフォロワーの間の壁がなくなってゆき、結果、巨大な価値が生み出され得るということだ。

しかしこれには時間を要する。これまでに培ったのとは異なるスキルセットが必要になるからだ。

リーダーであるあなたは、複雑な財務関係のスプレッドシートを読み解いたり、分析を解釈したりするのを苦にしない。いくつもの仕事を同時に抱え、空港から空港へと飛び回り、無数の重要案件や問題を次々とたやすくこなしている。

大局的な決定を素早く正確に行い、それと同時に、組織の他の人たちのために雰囲気作りも行う。正確であるかは別として、リーダーの典型とはこういったところだろう。

聡明で自信家で気後れしないＡ型人間である[★1]。しかし、こうした素早い行動、孤高のヒーロー主義、プレッシャー下の優美さといったものが、エンゲージド・リーダーになるために役立つことはめったにない。

UPSのローズマリー・ターナーとANZのマイク・スミスの二人は次のように認めている。ソーシャルツールとデジタルツールのよさが本当にわかるということに関して言えば、自分たちがそれをはっきりと悟るには長い時間がかかったと。

しかし、わかった瞬間の実感はものすごいものだった。そして彼らのリーダーとしての仕事のやり方は劇的によい方向に変わった。ターナーやスミスをはじめとする多くのリーダーがそうだったように、新しい境遇に慣れるまでは、その歩みがはかどらなくても仕方がない。成功するには開放的なマインドセットを持ち、試しては失敗することを何度も繰り返すことが重要である。

★1 心臓病の権威マイヤー・フリードマン博士、レイ・ローゼンマン博士が性格と心臓病との関係を調べ、何かを達成したいという意欲が非常に強く、仕事中毒で、複数の仕事を同時にこなすようなタイプの人間をＡ型と名付けた

本書の中心に据えられているフレームワーク——情報収集、情報共有、エンゲージメント——は、あなたが実践に至るまでの安全な滑走路となるものであり、離陸許可を与えてくれるものである。

　最初は1日10分でよい。他のCEOがツイッターに何を投稿しているのか、社内のニュースストリームで何が話題になっているのかを見るだけで、第1週目は十分である。

　最初は慎重にペースを考えて進み、キューブラー＝ロスの段階を踏んでいけばいい。あなたはあなたなりの最善のエンゲージド・リーダーになっていけばいいのである。

　周囲の声があなたを急き立てるかもしれない。あなたのスタッフ、メディアの報道、あるいはあなたのお子さんさえも。しかし罠にはまってはいけない。焦らずにいこう。

　私がこれまでCEOや幹部と仕事をする中で何度も証明されてきたことだが、偉大なリーダーがビジネスにもたらす知恵や経験は、デジタル変革を決定的なものとする鍵である。

　社内に何十人、何百人といるデジタルネイティブ世代の社員なら誰でも、ツイッターの使い方は教えられるだろう。しかし、それ（および他のデジタルツールやデジタルプラットフォーム）を活かしてビジネスを改善する方法を知っているのはあなただけなのだ。

　あなたはリーダーとして、誰よりも的確に必要な情報と不要な情報とを仕分け、そこから現れてくる問題の全体像を分析することができるのだ。

だから、ゆっくりと、しかし今、始めよう。
　エンゲージド・リーダーになるとか、自分自身や組織を変革するなどということは、今のあなたにとって一番やりたくないことかもしれない。
　しかし、やがてはそれが、今日のあなたのアジェンダの中で一番大切なことだとわかってくれると私は思う。そして、やがてそれはあなたのアジェンダを変え、あなたのビジネスを変えるだろう。たった一度だけではなく、何度でも、誰もまだ知らない方法で。

謝辞

　私の友人であり、同僚の著述家であるケビン・ワーバックがウォートン・デジタル・プレスのシャノン・バーニング氏とスティーブ・コブリン氏に紹介のメールを送ってくれていなかったら、本書は存在しなかった。二人とのつながりを作ってくれてありがとう、ケビン！
　初めて話をしたとき、シャノンは私に簡単な質問をした。「最近何か熱中していることはありますか」そこでひらめいた答えが、「リーダーがデジタルを活用することで変わっていく姿を見ること」だった。
　シャノンは、私がこのテーマについて考えを練るのをサポートし、私の考えを洗練させ、信じてくれた。その結果が今、あなたの手の中にある。
　また、ジャックリーヌ・マーフィー氏にも多大なサポートをいただいた。彼女は私の執筆のパートナーであり、共同制作者であった。
　ジャックと私との付き合いはかなり昔まで遡る。彼女は私の最初の著書『グランズウェル』（翔泳社）の編集者だったのだ。そのため私たちの打ち合わせはスムーズで活発だった。数えきれないほどスカイプで話し、ジャックは私が考えをまとめるのを手伝ってくれたり、

いい部分を引き出してくれたり、言葉が首尾一貫するよう訂正してくれたりした。

そしてさらに重要だったのは、彼女が信頼できる人だったことだ。彼女は、私が間違った方向に進んだときには指摘をくれた。一方で、私は自分自身の心の中の羅針盤に従えばいいのだと、再度自信を持たせてくれた。

アルティメーター・グループのチームはこれまでも今も非常に協力的であり続けてくれている。COOのシャノン・ラタは、私がリサーチや執筆に集中できるよう、机の上をいつも綺麗にしてくれた。

また、長年にわたりアシスタントをしてくれているスーザン・ウーは、私のスケジュールを管理してくれた。ブライアン・ソリスは主要な紹介をしてくれた。ジョン・シフエンテスはたくさんのケーススタディを展開してくれた。目覚めている時間のほとんどを一緒に過ごす仲間として、これ以上に献身的で刺激的な人たちを探し出すことはできないだろう。

本書に登場する多くのリーダーの方々が、時間を割いてみずからの経験をお話しくださった。厚くお礼を申し上げる。皆さんの話は私のやる気を刺激してくれた。そして皆さんの寛大さ、楽観主義、きちんと向き合って応答してくれる姿勢に心を打たれた。エンゲージド・リーダーシップの恩恵を毎日受けている皆さんの組織の方々をうらやましく思う。

辛抱してくれた夫と子供たちへ。私が原稿を書けるように一人にしてくれてありがとう。いつハグしたら私が元気になるか、直感でわかってくれてありがとう。家の

改修工事のさなかに、あなたたちは貴重なスペースを作ってくれて、私が5カ月の間に5回机を動かすのを手伝ってくれた。

　最後に、実生活においてもデジタルチャネルにおいても、幸運にも結びつきを持ち、長きにわたって関係を築くことのできたたくさんの人たちにお礼を申し上げたい。本を書くということは暗くて孤独な作業だが、皆さんからの質問、コメント、返信は常に私のアイデアの源であると同時に、困ったときの助け、そして励ましの源でもあった。これからもどんどんお願いしたい！

原注

1. IBM 社とツイッター社の提携を発表するプレスリリース．
   http://www.ibm.com/big-data/us/en/big-data-and-analytics/ibmandtwitter.html
   2015 年 1 月にアクセス．
2. IBM 社とアップル社の提携を発表するプレスリリース．
   https://www-03.ibm.com/press/us/en/photo/44395.wss
   2015 年 1 月にアクセス．
3. 2014 年第 4 四半期の IBM 社とのインタビューより．
4. ギャラップ社の「State of the Global Workplace（世界の職場の実情）」報告書 2013 年版より．
   http://www.gallup.com/poll/165269/worldwide-employees-engaged-work.aspx
   2015 年 1 月にアクセス．
5. ギャラップ社の調査によれば，2010 年には，雇用者の 11% しか仕事にエンゲージしていなかった．2013 年よりわずかに少ない数字である．ギャラップ社の「State of the Global Workplace」報告書より．
   http://www.gallup.com/poll/165269/ worldwide-employees-engaged-work.aspx
   2015 年 1 月にアクセス．
6. 2014 年 6 月 10 日のクリス・レイピングへのインタビュー，2014 年第 3 四半期のレッドロビン社へのインタビュー，およびヤマーのケーススタディより．
   https://about.yammer.com/customers/red-robin-gourmet-burgers/
   2015 年 1 月にアクセス．
7. ヤマーのケーススタディより．
   https://about.yammer.com/customers/red-robin-gourmet-burgers/
   2015 年 1 月にアクセス．
8. 2014 年第 4 四半期のテルストラ社へのインタビュー，および 2015 年 1 月 5 日のデビッド・ソーディーへのインタビューより．

9. 2015年1月5日のデビッド・ソーディーへのインタビューより.
10. 2015年第1四半期のマースクライン社へのインタビュー，および http://maersklinesocial.com/our-social-media-channels-which-one-is-right-for-you/ へのブログ投稿より.
 2015年1月にアクセス.
11. 2014年6月30日，および2015年1月15日のローズマリー・ターナーへのインタビューより.
12. 2015年1月15日のローズマリー・ターナーへのインタビューより.
13. 2015年1月15日のローズマリー・ターナーへのインタビューより.
14. 2015年1月15日のローズマリー・ターナーへのインタビューより.
15. パドマスリー・ウォリアーのツイッターアカウントは http://twitter.com/padmasree
 2015年1月にアクセス.
16. ウォリアーのテクノロジー業界で働く女性に関する投稿参照.
 https://www.linkedin.com/pulse/20140806131850-249790717-redefining-corporate-traditions
 2015年1月にアクセス.
17. ウォリアーが描いた絵の写真などプライベートな投稿の例.
 https://twitter.com/Padmasree/status/553738654179274752
 2015年1月にアクセス.
18. ウォリアーの投稿参照.
 https://twitter.com/Padmasree/status/546390473384787968
 2015年1月にアクセス.
19. リチャード・エデルマンのブログ.
 http//www.edelman.com/conversations/6-a-m/
 2015年1月にアクセス.
20. エデルマンのブログ投稿「Why I Joined My Father's Company（私はなぜ父の会社に入ったか）」
 http://www.edelman.com/p/6-a-m/why-i-joined-my-fathers-company/
 9/11メモリアルミュージアムに関する投稿
 http://www.edelman.com/p/6-a-m/9-11-museum/
 2015年1月にアクセス.
21. 2015年1月13日のリチャード・エデルマンからのEメールの返信.
22. Roger Martin, "Moving from Strategic Planning to Storytelling", *Harvard Business Review*, June 1, 2010, n.p. また，以下のサイトも参照.
 https://hbr.org/2010/06strategies-ashappy-stories/
 2015年1月にアクセス.
23. ジョン・チェンバースの鴨笛のビデオは以下を参照.

https://www.youtube.com/watch?v=CuDnm77wb0M
2015年1月にアクセス.

24. 2015年1月13日のリチャード・エデルマンからのEメールの返信.

25. アリジット・グハとマーク・ベルトリーニのやり取りの背景事情に関する詳細は以下のサイトを参照.
http://abcnews.go.com/Health/aetna-ceo-arizona-student-bond-cancer-diagnosis-broken/story?id=16906861
2015年1月にアクセス.

26. マーク・ベルトリーニのツイートを参照.
https://twitter.com/mtbert/status/229014262096490497
2015年1月にアクセス.

27. マーク・ベルトリーニのツイートを参照.
https://twitter.com/mtbert/status/229012832967069696
2015年1月にアクセス.

28. 2015年第1四半期のエトナ社へのインタビューより.

29. Geert Hofstede, Gert Jan Hofstede, and Michael Minkov, Cultures and Organizations: *Software of the Mind*, 3rd ed. (McGraw-Hill, 2010).『多文化世界――違いを学び未来への道を探る 原書第3版』(ヘールト・ホフステード, ヘルト・ヤン・ホフステード, マイケル・ミンコフ著, 岩井八郎, 岩井紀子訳, 有斐閣, 2013年)

30. デビッド・ソーディーのツイッターによる顧客との一対一の接触は以下を参照.
https://twitter.com/davidthodey/status/545157854286446595
2015年1月にアクセス.

31. R.E. Kelley, "In Praise of Followers" *Harvard Business Review*, 66 (1988): 142–148. また, 以下のサイトも参照.
https://hbr.org/1988/11/in-praise-of-followers
2015年1月にアクセス.

32. Rachel Happe,「The Language of Engagement」*The CR Blog*, The Community Roundtable
http://www.communityroundtable.com/grow/language-engagement/
2015年1月にアクセス.

33. 投稿記事「The Language of Engagement」にはベスト・プラクティスリストの完全版が含まれている. 以下参照.
http://www.communityroundtable.com/grow/language-engagement/
2015年1月にアクセス.

34. デビッド・ソーディーのリンクトインのインフルエンサーとしての投稿は以下を参照.
https://www.linkedin.com/today/author/130682857

本文中の図 3-7 のコメントは以下のソーディーの投稿から閲覧可能.
https://www.linkedin.com/pulse/20141020220138-130682857-three-things-i-m-looking-for-when-i-m-the-customer
2015 年 1 月にアクセス.
35. 2015 年 1 月 5 日のデビッド・ソーディーへのインタビューより.
36. 2015 年 1 月 5 日のデビッド・ソーディーへのインタビューより.
37. 2015 年 1 月 5 日のデビッド・ソーディーへのインタビューより.
38. バラク・オバマのレディットでの「AMA」セッションは以下で閲覧可能.
http://www.reddit.com/r/IAmA/comments/zlc9z/i_am_barack_ob
2015 年 1 月にアクセス.
39. 2010 年 3 月 8 日のジェフリー・イメルトとの対話より. イメルトは GE の CMO ベス・コムストックに言及. コムストックは積極的にツイッター (http://twitter.com/bethcomstock), リンクトイン (http://www.linkedin.com/in/elizabethjcomstock) を活用している.
2015 年 1 月にアクセス.
40. ジェフリー・イメルトのツイートを参照.
https://twitter.com/jeffimmelt
2015 年 1 月にアクセス.
41. イメルトのボストンカレッジでの卒業式祝賀スピーチのトランスクリプトは以下で閲覧可能.
http://files.gereports.com/wp-content/uploads/2010/05/The-Perfect-Time-to-be-a-Boston-College-Grad.pdf
2015 年 1 月にアクセス.
42. 2014 年 10 月 31 日のキャロリン・マイルズへのインタビューより.
43. マイルズのブログは以下で閲覧可能.
http://loggingcarilynmiles.savethechildren.org
『ハフィントンポスト』に掲載されたマイルズのコラムは以下で閲覧可能.
http://www.huffingtonpost.com/Carolyn-s-miles
マイルズのツイッターアカウントは以下を参照.
https://twitter.com/carolynsave
2015 年 1 月にアクセス.
44. グアテマラへの視察旅行に関するキャロリン・マイルズのツイートは以下を参照.
https://twitter.com/carolynsave/status/558075865540866048
2015 年 1 月にアクセス.
45. スミスのリンクトインへの投稿は以下で閲覧可能.
https://www.linkedin.com/profile/view?id=275552820
2015 年 1 月にアクセス.

46. スミスは，このリンクトインへの投稿で，どのように自分がソーシャルメディアのよさを信じるようになったかについて書いている．
  htpps://www.linkedin.com/pulse/20140414143616-27552820-how-i-became-a-social-media-believer-and-why-banking-s-future-is-digital
  2015 年 1 月にアクセス．
47. 2014 年第 4 四半期と 2015 年第 1 四半期の ANZ のマイク・スミスへのインタビュー，およびマイク・スミスの投稿より．
  htpps://www.linkedin.com/pulse/20140414143616-27552820-how-i-became-a-social-media-believer-and-why-banking-s-future-is-digital
  2015 年 1 月にアクセス．
48. アルティメーター・グループの報告書 *Social Media Education for Employees* は以下で閲覧可能．hhttp://www.altimetergroup.com/2013/12new-research-how-companies-reduce-social-media-risk-and-active-employee-advocary-for-scale
  2015 年 1 月にアクセス．

本書に登場するデジタルツール

ツール	URL	ページ
ツイッター (Twitter)	https://twitter.com/	23, 41, 42, 53, 54, 57, 58, 59, 61, 62, 64, 66, 70, 73-75, 82, 91, 93, 94, 97, 102-104, 119-121, 124, 132, 140, 142, 150, 159
リンクトイン (LinkedIn)	https://jp.linkedin.com/	23, 53, 54, 60-62, 66, 91, 119, 124, 125, 134, 143, 144, 148,
フェイスブック (Facebook)	https://ja-jp.facebook.com/	23, 54, 61, 62, 90
ユーチューブ (YouTube)	https://www.youtube.com/	25, 62, 86, 87, 90
インスタグラム (Instagram)	https://www.instagram.com/	41, 55, 56, 59, 120, 129
ヤマー (Yammer)	https://www.yammer.com/	41, 55, 56, 59, 120, 129
スナップチャット (Snapchat)	https://www.snapchat.com/	42, 57
チャター (Chatter)	http://www.salesforce.com/jp/chatter/overview/	59, 62
ソーシャルキャスト (Socialcast)	socialcast.jp/	59
ティバー (tibbr)	www.tibbr.com/	59

フィードリンス (FeedRinse)	www.feedrinse.com/	60
フィードリー (feedly)	https://feedly.com/	61
フートスイート (Hootsuite)	https://hootsuite.com/ja/	61, 93
ヴィメオ (Vimeo)	https://vimeo.com/	62
タンブラー (Tumblr)	https://www.tumblr.com/	62
ピンタレスト (Pinterest)	https://jp.pinterest.com/	62
グーグル+ (Google+)	https://plus.google.com/	62
フリッカー (Flickr)	https://www.flickr.com/	62
ツイートデック (TweetDeck)	https://tweetdeck.twitter.com/	93

本書に登場する人物、企業

ジニー・ロメッティ	IBM CEO	23-25, 27, 121, 132
バラク・オバマ	合衆国大統領	29, 132, 133
クリス・レイピング	レッドロビン最高情報責任者	46
スティーブン・カーリー	レッドロビンCEO	47, 106
デビッド・ソーディー	テルストラCEO	55, 56, 117-120, 122-126, 128-130, 132, 134,
マースクライン	海運会社	62-64
ローズマリー・ターナー	UPS北カリフォルニア地区社長	71, 73-76, 78, 107, 158
フランシスコ	ローマ教皇	71, 73, 75
パドマスリー・ウォリアー	シスコ最高技術・戦略責任者	82, 83, 85, 86, 92, 97
リチャード・エデルマン	エデルマンCEO	83-85, 92
ロジャー・マーティン	トロント大学ロットマン・スクール・オブ・マネジメント名誉学長	85
ジョン・チェンバース	シスコCEO	86-87

ビル・マリオット	マリオット執行役会長	94, 95
マーク・ベルトリーニ	エトナCEO	102-105, 107, 108, 118,
ヘールト・ホフステード	オランダ人社会学者	109
ブルース・ブロサード	ヒューマナCEO	115, 132
レイチェル・ハッペ	ザ・コミュニティ・ラウンドテーブル	124, 127
ジェフリー・イメルト	GE CEO	140-141
キャロリン・マイルズ	セーブ・ザ・チルドレンCEO	142, 143
マイク・スミス	オーストラリア・ニュージーランド銀行CEO	143, 144, 147, 148, 158

著者

シャーリーン・リー　Charlene Li

戦略コンサルティング会社アルティメーター・グループ創業者兼CEO。

モニターグループ社のコンサルタント、フォレスターリサーチ社の副社長兼主席アナリストを経て現職。デジタル戦略の第一人者として知られ、リーダーシップ戦略、社員エンゲージメント、マーケティング、インタラクティブ・メディアなど専門領域は多岐にわたる。

世界ビジネスフォーラム、世界経済フォーラム、サウス・バイ・サウスウエストなどの主要会議で基調講演を実施。シスコ、サウスウエスト航空、UPSなどのフォーチュン500企業のアドバイザーを務める。イノベーションの担い手としても広く認められており、ファスト・カンパニー誌の「ビジネス界で最もクリエイティブな100人（2010年）」「テクノロジー分野で最も影響力のある女性（2009年）」「最もクリエイティブな12人（2008年）」に選出。

著書の『グランズウェル』（共著、翔泳社）はビジネス・ウイーク誌のベストセラー、『フェイスブック時代のオープン企業戦略』（朝日新聞出版）はニューヨーク・タイムズのベストセラーとなった。

ハーバード・ビジネススクールでMBAを取得。夫と10代の子供二人とサンフランシスコで暮らしている。

訳者

山本 真司　Shinji Yamamoto

株式会社山本真司事務所代表取締役。パッション・アンド・エナジー・パートナーズ株式会社代表取締役。立命館大学経営管理大学院客員教授（戦略コンサルティング論）。慶應義塾大学大学院健康マネジメント研究科非常勤講師（スポーツビジネスマネジメント）。

1958年東京生まれ。慶應義塾大学経済学部卒業後、東京銀行（現三菱東京UFJ銀行）勤務。シカゴ大学経営大学院（ブースビジネススクール）修士、名誉MBA（MBA with honors）取得。ベータ・ガンマ・シグマ（全米成績優秀者協会）会員。

1990年にボストン コンサルティング グループ東京事務所に転じる。以降、A.T.カーニーマネージング・ディレクター極東アジア共同代表、ベイン・アンド・カンパニー東京事務所代表パートナーなどを経て2009年に独立。

『実力派たちの成長戦略』（PHP研究所）、『40歳からの仕事術』（新潮社）など著書多数。

安部 義彦　Yoshihiko Abe

株式会社価値革新機構 代表取締役。早稲田大学客員教授。東京藝術大学非常勤講師。

福岡県出身。京都大学卒業、INSEADにて MBA取得。在学中より「ブルー・オーシャン戦略」の提唱者であるW.チャン・キム教授に師事。「ブルー・オーシャン戦略クオリフィケーション」資格と、教授許可を授与される。

ボストン コンサルティング グループ、A.T.カーニーにてプリンシパル等を歴任。東証一部企業子会社社長などの実務経験も豊富。ペンシルバニア大学ウォートン・ビジネス・スクール、東京大学EMPなどで講演多数。DIAMONDハーバード・ビジネス・レビュー誌等寄稿多数。

著書に『日本のブルー・オーシャン戦略』（共著、ファーストプレス）、『ブルー・オーシャン戦略を読む』（日本経済新聞出版社）がある。

●英治出版からのお知らせ

本書に関するご意見・ご感想をE-mail（editor@eijipress.co.jp）で受け付けています。
また、英治出版ではメールマガジン、ブログ、ツイッターなどで新刊情報やイベント情報を配信しております。ぜひ一度、アクセスしてみてください。

メールマガジン ：	会員登録はホームページにて
ブログ ：	www.eijipress.co.jp/blog/
ツイッター ID ：	@eijipress
フェイスブック ：	www.facebook.com/eijipress

エンゲージド・リーダー
デジタル変革期の「戦略的につながる」技術

発行日	2016年2月25日　第1版　第1刷
著者	シャーリーン・リー
訳者	山本真司（やまもと・しんじ）、安部義彦（あべ・よしひこ）
発行人	原田英治
発行	英治出版株式会社
	〒150-0022 東京都渋谷区恵比寿南1-9-12 ピトレスクビル4F
	電話　03-5773-0193　　FAX　03-5773-0194
	http://www.eijipress.co.jp/
プロデューサー	山下智也
スタッフ	原田涼子　高野達成　岩田大志　藤竹賢一郎　鈴木美穂
	下田理　田中三枝　山見玲加　安村侑希子　山本有子
	上村悠也　田中大輔　谷本雅章　渡邉吏佐子
印刷・製本	中央精版印刷株式会社
装丁	遠藤陽一（DESIGN WORKSHOP JIN, Inc.）
翻訳協力	梶野春美　株式会社トランネット（http://www.trannet.co.jp）
校正	株式会社ヴェリタ

Copyright © 2016　Shinji Yamamoto, Eiji Press, Inc.
ISBN978-4-86276-228-3　C0034　Printed in Japan

本書の無断複写（コピー）は、著作権法上の例外を除き、著作権侵害となります。
乱丁・落丁本は着払いにてお送りください。お取り替えいたします。